Eugen Sitarz · Kulturen am Rande der Bibel

Eugen Sitarz
Kulturen am Rande der Bibel

Sachbuch über Völker und Götter im Geschichtsfeld Israels

Verlag Katholisches Bibelwerk GmbH, Stuttgart

CIP-Kurztitelaufnahme der Deutschen Bibliothek

Sitarz, Eugen:
Kulturen am Rande der Bibel:
Sachbuch über Völker u. Götter im Geschichtsfeld Israels /
Eugen Sitarz. – Stuttgart: Verlag Katholisches Bibelwerk, 1983.
   ISBN 3-460-32051-6

ISBN 3-460-32051-6
Mit kirchlicher Druckerlaubnis
Alle Rechte vorbehalten
© 1983 Verlag Katholisches Bibelwerk GmbH, Stuttgart
Gesamtherstellung: Wilhelm Röck, Weinsberg

Inhalt

Vorwort

Die Bibel schildert die Entstehungsgeschichte der Menschheit als den großen Rahmen, in dem das Volk Israel entsteht und besteht. Die Männer, denen wir die schriftliche Bezeugung dieser Geschichte verdanken, erwähnen nicht weniger als 140 Namen von Völkern, Ländern und Landschaften, nicht weniger als 40 Namen von Göttinnen und Göttern. Jeder dieser Namen steht, unabhängig davon, ob ihn der biblische Autor marginal oder zentral nennt, für gelebte Wirklichkeit, denn jedes Volk, eine Lebens-, Geschichts- und Glaubensgemeinschaft, hat seine eigene Geschichte und Kultur gestaltet und damit Geschichte und Kultur anderer mitgestaltet. Die Ziele und Wege der gegenseitigen Einflußnahme – sie geht manchmal von den nächsten Nachbarn aus, ein andermal von einer Hunderte von Kilometern entfernten Weltmacht – werden von ideologischen, politischen oder ökonomischen Interessen bestimmt.

Was die Bibel angeht, so mag nicht selten der Zufall über die Erwähnung eines Namens entschieden haben: der Zorn eines Propheten, die Akribie eines Hofschreibers, die Eitelkeit eines Königs . . . Manch ein Volk und manch ein Gott wird in der Bibel nicht erwähnt, obwohl sie die Geschichte und das Denken Israels mehr beeinflußten als einige der namentlich genannten. Jeder Bibelleser merkt, daß es den Gewährsmännern, denen er folgt, nicht primär um Geschichte geht und schon gar nicht um eine lückenlose Darstellung der Zusammenhänge. So steht er je neu vor der Frage nach dem Geflecht der Hintergründe, nach den Völkern, deren Kultur sich bis in die Bibel hinein auswirkt, nach dem fremden Erbe, das sich mit Israels eigenem vermischt.

Erste Antworten können sich aus der meist unbekannten Geschichte dieser Völker ergeben. Darum beginnt im folgenden jedes Kapitel mit einem – notgedrungen knapp zusammenfassenden – historischen Überblick. Im geschichtlichen Rahmen entwickeln sich Lebensformen, Kulturen und Kulte; Siege und Niederlagen, Fortschritte und Grenzerfahrungen prägen den Charakter jener Völker und Nationen, die dem biblischen Volk kulturell, geographisch, geschichtlich – und warum nicht auch religiös? – nahestanden. In der Begegnung mit ihnen öffnen sich neue Zugänge zur Bibel. Der vorliegende Band will solche Begegnung ermöglichen und vermitteln.

Die Schwierigkeiten und Unsicherheiten, die sich diesem Unterfangen entgegenstellen, sind nicht gering. Gewiß, wir verfügen über eine Fülle von Funden und Texten; doch manch ein Fund ist keineswegs eindeutig zu erklären und manch ein Text ist uns nur als Bruchstück erhalten oder versteht es, sein Geheimnis vor wissenschaftlicher Neugier zu wahren. Oft kommt man über Vermutungen und Hypothesen nicht hinaus.

Die Notwendigkeit der zeitlichen Zuordnung geschichtlicher Ereignisse stellt jeden, der sich mit der frühen Geschichte des alten Vorderen Orients befaßt, vor ein spezielles Problem. Erst ab Ende des 2. Jahrtausends v. Chr. läßt sich – auch wenn um Details weiterhin heftig diskutiert wird – mit einiger Sicherheit sagen, was, wann und wo geschah und wer die Beteiligten waren. Von den verschiedenen, allsamt korrekturfähigen, chronologischen Systemen (lange, mittlere, kurze, verkürzte kurze Chronologie ...) überzeugt am ehesten dasjenige, das der Zeittafel der Einheitsübersetzung zugrundeliegt.

Ein anderes – bislang ungelöstes – Problem entsteht durch die Möglichkeit der unterschiedlichen Schreibweise der Namen. Solange ein Eigenname nur in einem einzigen Kulturkreis erscheint, können sich die Fachleute relativ leicht einigen. Doch wenn derselbe Name in je eigener Form in mehreren Sprachen und Schriften (etwa: ägyptisch, akkadisch, hetitisch, hebräisch) bezeugt ist, muß man sich für eine Form entscheiden. So kann auch die in diesem Buch gebrauchte Schreibweise, die sich vornehmlich von den Loccumer Richtlinien für die biblischen Eigennamen leiten läßt, nur ein Kompromiß bleiben. Namen, die in der Bibel nicht genannt werden, werden so wiedergegeben, wie sie in ihrem jeweiligen Fachgebiet gebräuchlich geworden sind.

I. Die Sumerer und die Akkader

Schöpfer der ersten Hochkultur

D as Volk, das seit dem Ende des 4. Jahrtausends v. Chr. am Unterlauf von Eufrat und Tigris siedelt, bezeichnet sein Land als ki-egi: „das edle Land", „Kulturland". Gewiß hatten diese Menschen auch einen Namen, mit dem sie sich selbst bezeichneten – wir kennen ihn nicht. In manchen Texten sprechen sie von sich selbst als von den „Schwarzköpfigen". War dies ihr Name? Semitische Nachbarn aus dem Norden nennen das Land der „Schwarzköpfigen" Sumer (eigentlich: Schumer). Dieser fremde Name blieb haften und wurde in der Neuzeit – eine Verlegenheitslösung – auf das Volk übertragen. Seitdem spricht man von den „Sumerern". **Volk ohne Namen**

Sie lebten nicht immer im Eufrat- und Tigrisgebiet. Irgendwann – vor dem 3. Jahrtausend v. Chr. – kamen sie hierher, übernahmen im Lauf der Zeit die Führung und entwickelten ihre Kultur. Sie waren es, die die erste bekannte Hochkultur in der Geschichte der Menschheit schufen. Vielleicht brachten sie Voraussetzungen dafür aus ihrer Heimat mit. Aber das ist nicht sicher; wir wissen ja nicht, woher sie kamen: aus den Bergen im fernen Nordosten oder vom Meer her, etwa über die Insel Dilmun (heute Bahrain). Für die erstgenannte Vermutung spricht ihre Sprache, die Verwandtes mit den Turksprachen enthält, und der Bau der Zikkurats, die ja einen Berg darstellen sollen. Für die zweite spricht die Tatsache, daß die Sumerer ihre Tempel auf eine künstliche, ovale Sandschicht bauten als wollten sie sich darin an ihren Aufenthalt auf den Paradiesinseln erinnern: **Herkunft** **Zikkurat vgl. S. 16**

> Das Land Dilmun ist rein,
> das Land Dilmun ist hell . . .
> der Löwe tötet nicht,
> der Wolf reißt kein Lamm.

Das Mesopotamien, in das die Sumerer kamen, war kein unterentwik- keltes Land. Im Norden existierten mindestens drei verschiedene Kulturen, die nach den Orten ihrer Entdeckung Tell Hassūna, Tell Halaf und Sāmarra genannt werden (etwa 5500–4750 v. Chr.). Sie stellten bunte Keramik her (in späteren Stadien auf der Töpferscheibe geformt und im Brennofen ge- brannt) und handwerkliche Erzeugnisse. Sie bebauten den Boden und richteten erste Bewässerungsanlagen ein; trieben Schaf- und Ziegenzucht **Vorsumerische Kulturen**

11

Sumer und Akkad:
„Ohne den Gott Enlil, den
Großen Berg, wären keine
Städte gebaut, keine Ort-
schaften gegründet"

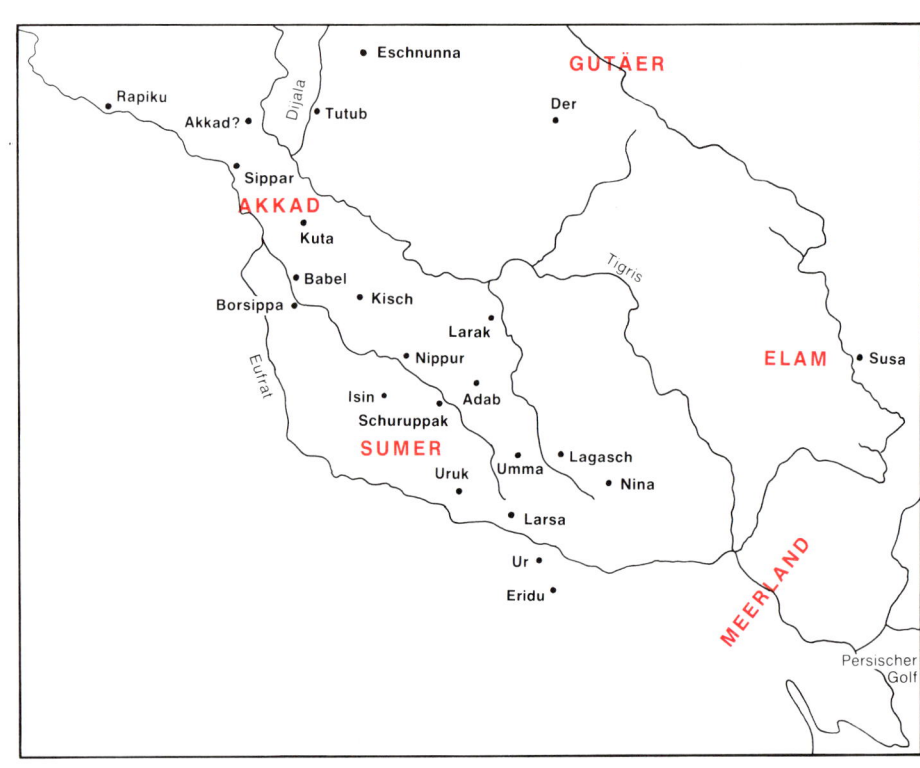

Uruk

und auch Außenhandel. Das sumpfige Südmesopotamien wurde gegen 5000 erstmals besiedelt. Auch dort entstanden bald wichtige Kulturen, wie Hadschdschi Muhammad (polychrome Keramik) und Uruk (heute Warka; das biblische Uruk, Gen 10,10). In der dritten und vierten Besiedlungs-schicht von Uruk (ungefähr zwischen 3250 und 2800 v. Chr.) entdeckten die Archäologen die ersten Spuren sumerischer Aktivitäten. Zwar lebte die Stadt damals noch vorwiegend von der Landwirtschaft, doch sie war auch Zentrum von Kult und Kunst, Handwerk und Handel, von Politik, Verwaltung und Konsum. Hier standen monumentale Bauten, die hauptsächlich dem Kult dienten. Denn Uruk stand unter dem Schutz von zwei Göttern: des

Schutzgötter

Gottes An und der Göttin Inanna (die später bei den Assyrern und Babyloni-ern Ischtar genannt wurde). Auch die anderen Klein- oder Großstädte, die da plötzlich wie aus dem Nichts entstanden zu sein scheinen und unabhän-gig voneinander je einen theokratischen Stadtstaat bilden, haben einen Schutzgott, der der eigentliche Besitzer der Stadt ist: Nanna in Ur, Enki in Eridu, Enlil in Nippur, Ningirsu in Lagasch . . .

Erfindung der Schrift

Die Menschen, die hier lebten, sind die Erfinder der Schrift. Einfache Verzeichnisse von Güterlieferungen an den Tempel bilden den Anfang. Zunächst wird der gemeinte Gegenstand piktographisch – bildhaft also – dargestellt. Mit der Zeit entwickelt man abstrakte Symbolzeichen. Doch erst die Entstehung der Silbenschrift ermöglicht das Schreiben grammatika-lisch eindeutiger Sätze. Nun erst kann ausgedrückt werden, in welchem

Kultvase aus Uruk
(um 2900 v. Chr.):
der Göttin Inanna werden
Opfer dargebracht

13

mu kù gu-za ᵈEn-líl-lá ba-dím

Im Jahr, als der goldene Thron des Gottes
Enlil erbaut wurde

Bezug die einzelnen Namen und Gegenstände zueinander stehen. Statt Tausenden von Zeichen genügen jetzt etwa fünfhundert, um jedes Wort, jeden Begriff aufzuschreiben. Für das Wort „Firmament" etwa brauchte man keine komplizierte Zeichnung zu entwerfen. Man schrieb einfach das Schriftzeichen der Silbe *an* (= Himmel) neben das Schriftzeichen *ur* (= Grund) und kam so zum Wort *an.ur* = „Himmelsgrund", „Firmament". Als Stift diente der Rohrgriffel, den man in Lehm- oder Tontafeln drückte. Es leuchtet ein, daß runde Linien den Schreibern Schwierigkeiten machten. So erfand man im Lauf der Zeit die Keilschrift: für jede Einzelsilbe eine eigene Keilgruppe. Die ältesten bisher entdeckten beschrifteten Tontafeln stammen aus Uruk, wo sie um 3100 v. Chr. entstanden sein dürften.

Rollsiegel   Nahezu gleichzeitig mit der Schrift kommen auch die ersten Rollsiegel in Gebrauch. Sie bedeuten eine Art Unterschrift des Besitzers. Aus Stein oder Muschel gefertigt, zylindrisch, klein (Länge nicht über 8 cm, Stärke nicht selten 5 cm), tragen sie auf der Rollfläche Gravuren von erstaunlich hohem künstlerischem Niveau. Die Themen sind entweder dem mythologischen Bereich (vor allem Darstellungen der Göttin Inanna) oder dem menschlichen Leben entnommen. Das Siegel wird nicht wie der spätere Stempel aufgedrückt, sondern auf der feuchten Tonplatte gerollt. So wird das gravierte Bild übertragen, unverwechselbar wie ein Fingerabdruck, und ein Miniaturrelief entsteht.

Geschichtsschreibung   Schrifttafeln und Siegel vermitteln uns, zusammen mit architektonischen Überresten, ein Bild vom Land Sumer und seiner Geschichte. Doch sie tauchen relativ spät auf. Schon damals, im 3. Jahrtausend v. Chr., wußte man nicht mehr so richtig, wie alles angefangen hatte. Man schrieb die Eigenüberlieferungen der einen Stadt auf und sammelte, was man in einer anderen Stadt von der Geschichte wußte. All diese Erinnerungen werden – mit Lücken, in tendenziös gefärbter Schilderung, in unbeholfener Sprache und mehreren Dialekten, in einer literarischen Form, die die nächste Epoche oft nicht mehr verstand – den Tontafeln anvertraut, die ihrerseits späteren Systematikern als Grundlage dienen, der sie ihre eigene Geschichtsauffassung überstülpen.

Königsliste   Was bei solchem Vorgehen herauskommen kann, wird am Beispiel der sog. Königsliste, von der mehrere Fragmente und Fassungen überliefert sind, deutlich. Die Liste sollte beweisen, daß Sumer und Akkad schon immer zusammengehörten und daß das Königtum – vom Himmel auf die Erde „gesenkt" – als einendes Element anzusehen sei. Die Kompilatoren zählen 140 Namen auf. Doch statt die Namen der überlieferten Stadtherrscher-Listen parallel nebeneinanderzusetzen, reihen sie die Namen hintereinander, als ob die 140 allsamt über ganz Mesopotamien geherrscht hätten. Damit verlängern sie die eigene Geschichte in eine ungeahnte Vergangenheit. Dies gilt vor allem für die Zeit vor der Sintflut, als einzelne Könige Tausende von Jahren herrschen konnten; nach der Sintflut begnügt man sich eher mit Jahrhunderten. Die Rekonstruktion einer fragmentarischen Liste sieht so aus:

> In Eridu herrschte Alulim 36 000 Jahre,
> Alalgar herrschte 10 800 Jahre;
> zwei Könige herrschten 46 000 Jahre. Ende in Eridu.
> Eridus Machtzeit wurde übertragen.
> In Badtibira herrschte Enmenluanna 46 800 Jahre,
> Enmengalanna herrschte 64 800 Jahre,
> Dumuzi der Hirte herrschte 36 000 Jahre;
> drei Könige herrschten 100 000 Jahre. Ende in Badtibira.
> Badtibiras Machtzeit wurde übertragen.
> In Sippar herrschte Enmeduranki 64 800 Jahre;
> ein König herrschte 64 800 Jahre. Ende in Sippar.
> Sippars Machtzeit wurde übertragen.
> In Larak herrschte Ensipadzianna 36 000 Jahre;
> ein König herrschte 36 000 Jahre. Ende in Larak.
> Laraks Machtzeit wurde übertragen.
> In Schuruppak herrschte Ubaratutu 28 800 Jahre,
> Ziusudra herrschte 64 800 Jahre;
> zwei Könige herrschten 93 600 Jahre. Ende in Schuruppak.
> Fünf einzelne Städte, neun Könige herrschten 352 800 Jahre.
> Ende ihrer Machtzeit.

Vergleichbar lange Lebensjahre schreibt die Bibel den Urvätern zu (Gen 5). Wollte man damit auf die langsame Entwicklung der Zivilisation anspielen? Die Königsliste von Lagasch scheint in diese Richtung zu denken:

> In jenen Tagen verbrachte das Kind hundert Jahre in Windeln.
> Nachdem es wuchs, verbrachte es hundert Jahre,
> ohne in die Pflicht genommen zu werden.
> Es war klein, von stumpfem Verstand,
> seine Mutter paßte auf es auf,
> sein Strohlager war bei den Kühen.

Doch nicht nur die oben genannten fünf Städte beherrschten die Region. Es gab mehr bedeutende Zentren: Ur und Uruk, Kisch und Lagasch, Umma und Isin ... Zwar herrschte in jeder Stadt ein anderer Gott, dennoch entwickelten die Städte eine überraschend einheitliche Kultur. Diese Kultur gründet nicht in derselben Volkszugehörigkeit, noch in der gemeinsamen Sprache. Es lebten ja in dem Gebiet Urvölker, deren Herkunft und Verwandtschaftsgrad nicht mehr zu klären ist, neben „sumerischen" Einwanderern und semitischen Siedlern. Doch die Sumerer setzten sich in

„Sumerische" Kultur

15

diesem Gemisch als Führer und Ideengeber durch; darum ist es legitim, von der sumerischen Kultur zu sprechen.

Nur selten herrschte Frieden im Land. Die Stadtstaaten führten viele Kriege gegeneinander, vernichteten Menschen, vernichteten Bauten. Dennoch ging die Entwicklung – dank wirtschaftlicher Vernunft und organisatorischem Können – aufwärts. Als man merkt, daß Politik und Krieg den religiösen Führer eines Stadtstaates überfordern, wird ein politischer Führer eingesetzt. Die allmähliche Trennung des Palastes vom Tempel nimmt man in Kauf; Mittelpunkt der Stadt blieb jedoch der Tempelkomplex.

Tempel in Uruk

Es waren keine kleinen Tempel, die man den Göttern baute. In Uruk z. B. entstand eine gewaltige Anlage, in der ein Bezirk dem Gott An, der andere der Göttin Inanna geweiht war. Inanna hat hier gleich mehrere Tempel, rechteckig und dreiteilig konzipiert. Ihr Charakteristikum sind Fassaden, die reichlich mit Pfeilern und Nischen versehen wurden, um die Strenge einer durchgehenden Wand aufzulockern. Demselben Zweck dienten auch die Stiftmosaiken; eine interessante sumerische Erfindung: man verfertigte Tonstifte, färbte ihren Kopf und drückte sie in den noch weichen Verputz. So entstanden durch verschiedene geometrische Figuren Kunstwerke von seltener Schönheit. Nicht weit davon (doch ursprünglich wohl in einer selbständigen Stadt Kullabu) stand das Heiligtum des An; eine unregelmäßige Konstruktion mit dem „Weißen Tempel" auf der obersten Terrasse. Ein solcher Hochtempel ist einerseits als rettende Insel inmitten der jahraus jahrein wiederkehrenden Überschwemmung gedacht, aber auch als die Möglichkeit, dem Himmelsgott näher zu sein. Aus ihm entwickelt sich die Zikkurat, der Tempelturm, der von den Sumerern bis zu den Chaldäern gebaut wurde und die Landschaft Mesopotamiens prägte. Das mag den biblischen Erzähler bewogen haben, die Entstehung der Sprachen und die damit verbundenen nationalen Rivalitäten durch die Geschichte vom Turm von Babel zu erklären (Gen 11,1–9). Die Bibel denkt dabei nicht an den Marduktempelturm in Babel, sondern an einen Turm „wie in Babel", der Stadt, die schon in vorsumerischer Zeit existierte.

Opferszene auf einem sumerischen Rollsiegel; rechts eine Zikkurat

Die Archäologen entdeckten bisher noch keine vollständig erhaltene Zikkurat. Darum wissen wir nicht genau, wie ein solcher Tempelturm aussah. Doch es ist sicher, daß es sich um eine Terrassenkonstruktion handelt, die mit jeder Terrasse schmaler wird. Auf der Spitze befindet sich das Heiligtum. Der griechische Historiker Herodot (5. Jh. v. Chr.) weiß, daß sich darin ein goldener Tisch befand und ein prächtiges Bett – Ruhelager für den Gott, Gemach für die heilige Hochzeit.

Machtkämpfe

Kriege oder auch die Notwendigkeit überregionaler Zusammenarbeit bei Bau und Reparatur der lebenswichtigen Bewässerungsanlagen führen, um 2600 v. Chr., zum ersten sumerischen Stadtstaatenbund. Sein Zentrum befand sich in Nippur, der Stadt des höchsten sumerischen Gottes Enlil. Die gegenseitige Anerkennung der Götter der einzelnen Städte trug wohl zur Einigung bei. Doch es ging auch um Macht und Politik. Schon kurz vor dem Zustandekommen des Stadtstaatenbundes hatten die Herrscher von Kisch

Sitzende Frau aus Mari (um 2500 v. Chr.): Bemerkenswert der fliesartige Wollrock, ebenso der Umhang

die Oberhoheit über Südsumer errungen. Auch in anderen Städten läßt sich das Streben nach Vorherrschaft nachweisen. Letztlich geht dieses heroische Zeitalter am Zentralitätsgedanken zugrunde: weil man immer neue Regionen unter die eigene Kontrolle bringen wollte, wuchs die Zahl der Feinde im Staat. Lugalzaggesi aus Umma, der letzte sumerische König vor dem ersten Zusammenbruch des Reichs, rühmt sich, daß er das ganze Gebiet vom Persischen Golf bis zum Mittelmeer kontrollieren könne und „die Wege vom Unteren bis zum Oberen Meer sicher mache". Kein Wunder, daß ihm die Priester von Nippur den Titel „König der Länder" verliehen. Aber sein Ende war bitter: Er wurde durch Sargon besiegt und „am Hundehalsband vor das Tor Enlils geführt".

17

Akkader – Gutäer – und noch einmal die Sumerer

Sargon der Semit

Sargon ist nun (nach 2350 v. Chr.) die alle überragende Herrschergestalt. Er selbst erzählt über seine Herkunft einiges, was eigenartig an die Kindheitsgeschichte des Mose (Ex 2,1–10) erinnert:

> Meine Mutter . . . empfing mich, sie gebar mich im Geheimen.
> Sie legte mich in ein Schilfkästchen, sie verschloß es mit Pech.
> Sie setzte mich auf den Fluß, der nicht über mich ging. Der Fluß
> hob mich empor . . .

Doch Sargon ist kein Sumerer. Er ist ein Semit aus dem Norden. Zunächst verdingte er sich bei einem Fürsten von Kisch; später gelang es ihm, die Macht in Sumer, Akkad und anderen Ländern bis zum Mittelmeer und Kleinasien an sich zu reißen. Seit seiner Zeit bezeichnet man nur noch die Gebiete im südlichen Mesopotamien als Sumer. Mittelmesopotamien nennt man Akkad (eigentlich: Agade) nach dem Namen, den Sargon (er wird gelegentlich mit dem Nimrod von Gen 10,9f identifiziert) seiner neuerbauten Hauptstadt gab. Dieses erste semitische Großreich bringt Mesopotamien einen auch in kultureller Hinsicht bemerkenswerten Aufschwung, der wohl hauptsächlich dem Gründer der Dynastie und seiner langjährigen Herrschaft zu verdanken ist.

> Enlil ließ Sargon, dem König des Landes, keinen Widersacher erstehen.
> Er gab ihm die Herrschaft vom Oberen Meer bis zum Unteren Meer.
> Vom Unteren Meer bis zum Oberen Meer hin
> sind Leute von Akkad Vizekönige.
> Mari und Elam stehen zu Sargon, dem König des Landes.

Das akkadische Reich

Sargons elf Nachfolgern gelang es, die Erbschaft zu verteidigen und den Ruhm der Akkader zu mehren. Sie übernahmen die Keilschrift von den Sumerern und paßten sie ihrer ganz anderen Sprache an. Das Akkadische (manchmal auch Assyrisch oder Assyrobabylonisch genannt) wird später zur internationalen Verkehrssprache im ganzen damaligen Nahen Osten. Sogar die ägyptischen Könige führten ihre Korrespondenz auf akkadisch; das Archiv von el-Amarna (14. Jh. v. Chr.) liefert den eindrucksvollen Beweis. Zu dieser Zeit fand sich von der Stadt Akkad keine Spur mehr.

Der Einfall der Gutäer

Die Gutäer, Bergvölker aus dem Osten (Luristan), überrannten Akkad (das südliche Sumer blieb eher verschont) und brachten es in ihre Macht. Sie zerstörten die Stadt Akkad so gründlich, daß man bis heute nicht weiß, wo sie lag. All dies geschah, weil der akkadische König Naramsin – er bekämpfte die Gutäer in ihrer Heimat – Nippur eroberte, beraubte und zerstörte. Enlil, der Gott dieser Stadt, war beleidigt, die Kriegsgöttin Inanna verließ ihre Stadt – Akkads Ende.

Die Invasion der Gutäer ist kein kurzlebiger Spuk: über hundert Jahre herrschen sie in Mesopotamien und assimilieren sich weitgehend mit den semitischen Akkadern.

Auch die Sumerer melden sich wieder auf der Bühne der Macht. In den zwanziger Jahren des 22. Jahrhunderts v. Chr. besiegt Utuhengal aus Uruk die Gutäer. Doch er muß sein Befreiungs- und Einigungswerk gleich an Urnammu von Ur weitergeben, der die sog. Dritte Dynastie von Ur gründet und die sumerische Renaissance einleitet.

Dritte Dynastie von Ur

Urnammu ist ein tüchtiger Politiker und Bauherr; Überreste von Tempeln und Zikkurats (etwa in Ur) zeugen noch heute von seiner Weitsicht. Sein Staat gründet nicht in Kriegen und Siegen, sondern in friedlichen Maßnahmen. Vor allem die sumerische Priesterschaft von Nippur unterstützt ihn dabei. Seine ausgleichende Politik und die in seinem Namen erfolgte Kodifizierung der Gesetze gefällt Menschen und Göttern: Der Gott „Enlil bändigte das feindliche Land und für Sumer kamen Zeiten der Fülle".

Doch nicht nur Könige führten Sumer nach oben. Gudea z. B., ein Fürst von Lagasch, macht sich als Handelsorganisator im ganzen Raum zwischen dem Persischen Golf und dem Mittelmeer einen Namen. Zugleich wird er als frommer Mann gerühmt, der seinem Gott Ningirsu (der Fruchtbarkeits- und Kriegsgott von Lagasch) einen ansehnlichen Tempel baut. Das fällt ihm

Gudea von Lagasch

19

links: Eine der zahlreichen
Statuen Gudeas von
Lagasch (22. Jh. v. Chr.)

rechts: Siegesstele
Naramsins von Akkad,
gefunden in Susa
(um 2260 v. Chr.):
Der gottähnliche König
(oberste Gestalt)
besiegt ein Volk in
Zagrosgebirge

Stele des Urnammu aus Ur
(um 2100 v. Chr.): Der Gott
Nanna (rechts) erteilt dem
König einen Auftrag zum
Tempelbau

nicht allzu schwer, denn dank seiner Handelsbeziehungen kann er das
benötigte Baumaterial auch aus fernen Regionen herbeischaffen. In seiner
Tempelbauhymne schreibt er: „Aus Elam kamen die Elamiter, aus Susa die
Susäer, Magan und Meluchcha schafften das Bauholz aus ihren Bergen
herbei . . ." Dann werden verschiedene Orte und Landschaften aufgezählt
bis nach Ebla, zum Mittelmeer und nach Afrika hin. Gudea hat nicht nur
seinem Gott, sondern auch sich selbst ein Denkmal erstellt: noch heute
sind mehrere etwas schematische, doch sicher porträtähnliche Statuen des
Gudea erhalten.

Der reiche Gudea gehörte zu den wenigen einer kleinen Oberschicht.
Viele andere mußten sich zu den Besitzlosen, zu den Sklaven rechnen, zu
den Kindern, die von ihren Eltern oder Stammeshäuptlingen verkauft wurden. Daneben gab es die vielen Gefangenen, die im Gefolge der ständigen
Kriege während der langen Regierungszeit von Schulgi ins Land gekommen waren. Der allmähliche, aber unaufhaltsame Niedergang Sumers hat
vielerlei Gründe: die Verschiebung der sozialwirtschaftlichen Struktur, das

Zerfall

20

zahlenmäßige Übergewicht der Akkader, die von ihren nomadisierenden Verwandten laufend Nachschub erhielten, die Söldnerarmee aus Elamitern und Amoritern, die Angriffe der zahlreichen und nicht zu bändigenden nomadischen Stämme der Amoriter im Nordwesten und der Subartu im Nordosten ... Ischbierra, ein sumerischer General, der in Mari am Eufrat und später in Isin Statthalter war, leitete den Sturz ein. Er sollte in Isin die von Schulgi erbaute, von Schusin auf 280 km verlängerte, Grenzmauer bewachen (die erste „chinesische Mauer" der Geschichte). Doch er erstrebt das Königsamt. So kommt es zur Spaltung: zuerst geht Elam – das kurz zuvor noch von den Sumerern abhängig war – verloren. Dann trennt Ischbierra den ganzen Norden ab, so daß Ibbisin, dem letzten König von Sumer, nur das Kernland bleibt. Diesen Restbesitz rauben ihm die Elamiter und führen ihn in die Gefangenschaft nach Elam. Sumer als Staat existiert nicht mehr. Einzelne Stadtstaaten treten die Nachfolge an. Ihnen geht es eigentlich einzig darum, ihre – nicht nur gebietsmäßig – kleinen Interessen zu schützen. Ein Klagelied über die Zerstörung von Ur beschreibt den Untergang:

Sieg der Elamiter

> Die Mutter nimmt kein Kind unter ihren Schutz,
> der Vater ruft nicht mehr zärtlich nach seiner Frau,
> die Jungvermählte freut sich nicht am Mann,
> das Kind erstarkt nicht bei der Mutter,
> die Amme singt nicht mehr Wiegenlieder!
> Der Sitz der Herrschaft wurde verlegt,
> der Schiedsspruch ergeht nicht mehr,
> die Herrschaft ist aus dem Lande verschleppt,
> in ein Fremdland, vor dem man sich tief verbeugt.

Aus der „Geierstele" des Eannatum von Lagasch (25. Jh. v. Chr.): Der König (rechts, mit der Streitkeule) führt seine Soldaten zum Krieg gegen die Stadt Umma

Zeittafel

Uruk	27. Jh.	Gilgamesch	**Umma**	25. Jh.	Usch
	24. Jh.	Lugalzaggesi			Enakale
	22. Jh.	Utuhengal		24. Jh.	Lugalzaggesi
Kisch	27. Jh.	Mebaragesi	**Ur**	25. Jh.	Mesanepada
		Akka			
			Akkad	2370–2314	Sargon (I.)
Lagasch	26. Jh.	Urnansche		2314–2305	Rimusch
	25. Jh.	Akurgal		2305–2290	Manischtuschu
		Eannatum		2290–2253	Naramsin
		Entemena		2253–2128	Scharkalischarri
	24. Jh.	Urukagina			
	22. Jh.	Urbaba	**Ur–III**	2113–2096	Urnammu
		Gudea		2096–2048	Schulgi
		Urningirsu		2048–2039	Amarsin
				2039–2030	Schusin
				2030–2005	Ibbisin

Göttliche Mächte

Wirkgeschichte

Die Zeit der sumerischen Herrschaft war begrenzt, die kulturellen Auswirkungen, die von dieser Nation ausgingen, überdauerten sie lang und sei es nur durch die Keilschrift, die ja noch zu Beginn der christlichen Zeitrechnung im Gebrauch war. Die Assyrer und Babylonier übernahmen das kulturelle und vor allem das religiöse Erbe der Sumerer und prägten es nach ihren Vorstellungen (vgl. S. 72). Viele Texte sind uns nur in akkadischer Übersetzung erhalten geblieben, manchem sumerischen Text merkt man es noch heute an, daß die Muttersprache des Schreibers nicht sumerisch, sondern akkadisch war. Trotzdem erschließt sich die religiöse Welt der Sumerer jedem Fragenden.

Der „Gott" der Sumerer

Die Gottesidee der Sumerer geht von der Vorstellung aus, daß jede Sache, jede Erscheinung, eine Kraft (Me) ist. Sie enthält das Numinose, das zwar nicht Gott aber doch göttlich ist und von den „großen Göttern" zugeteilt wird. Ob diese „großen Götter" als einfache Personifizierung oder als Grundprinzipien der Naturerscheinungen gedacht werden, läßt sich nicht eindeutig sagen. Sicher ist, daß sie je nach ihrer Zuständigkeit – die ihnen durch ihr Wesen oder das Götterparlament zubestimmt wird – Macht über die Welt haben. Sicher ist auch, daß es in Sumer mindestens zwei Grundrichtungen theologischer Überlieferung gab: eine chthonische in Eridu und eine kosmische in Uruk und Nippur. Natürlich bestimmen diese theologischen Systeme die Rolle der einzelnen Götter im je eigenen Vorstellungsrahmen.

An und Ki –
Himmel und Erde

Im allgemeinen beginnt die Götterliste mit An (akkadisch Anu). Er ist der Himmelsgott und wird hauptsächlich in Uruk verehrt. Da kein sumerisches kosmogonisches Epos überliefert ist, wissen wir wenig von An, der in den erhaltenen Texten stets im Schatten anderer Götter steht. Vermutlich verkörpert An – er ist nicht nur Himmelsgott, sondern auch der Himmel selbst – zusammen mit seiner Gattin Ki (= Erde) das Element, das als Weltberg aus dem Urmeer erwuchs. Sie waren eins bis der Gott Enlil (= die Luft) – als beider Sohn gedacht – den Himmel von der Erde trennte. Der aktive Enlil erringt die Stellung des Hauptgottes. An blieb zwar dem Namen nach der Größte, die Macht aber lag im Verfügen Enlils, der von Ekur aus, seinem Heiligtum in Nippur, herrschte. Enlil gilt nicht nur als Schöpfer, sondern auch als der, der durch Unwetter und Sturm zerstört. Ein Hymnus zu seiner Ehre läßt sein Wesen ahnen.

Enlil – die Luft

> Enlil! Sein Gesetz ist weithin erhaben, heilig sein Wort.
> Sein Verdikt ist unabänderlich, er bestimmt die Zukunft.
> Wenn sein Auge blinzelt, bewegen sich die Berge;
> wenn sein Lichtstrahl aufgeht, sind die Berge durchleuchtet.
> Wenn Vater Enlil es sich bequem macht
> auf seinem heiligen Thron, auf seinem erhabenen Thron,
> er, der Nunammir, Ur-Bild der Herrscher und Fürsten,
> dann beugen sich vor ihm ängstlich die Erdgötter,
> die Anunna eilen zu ihm,
> sie warten ehrerbietig auf seinen Gesetzesspruch.
> Der Herr, größer als Himmel und Erde,
> der Weise, der die Urteile kennt,
> in Duranki hat er sich niedergelassen,
> der Weise.

Enki (= Herr der Erde; akkadisch Ea) von Eridu war in gewissem Sinn ein universaler Gott: Personifikation des unterirdischen Ozeans, Erschaffer der Welt und der Götter, Spender der Fruchtbarkeit, weiser Planer und Ordner, Beschwörungsmeister, Landverteiler und politischer Chef.

Enki – Herr der Erde

Zu dieser Triade (An, Enlil, Enki) gesellt sich die Gestalt der Muttergöttin Ninhursag (die mehrere andere Namen trägt).

Ninhursag – die Mutter

Diese vier haben in der Götterversammlung das Sagen, z. B. beim Beschluß über die Sintflut (zu Ziusudra und seiner Rolle als sumerischer Noach s. unten S. 74).

> An diesem Tage weinte Nintur wegen ihrer Geschöpfe,
> die heilige Inanna war ihren Menschen ganz gram.
> Aber Enki hat in seinem Herzen einen Plan gefaßt.
> An, Enlil, Enki und Ninhursag
> ließen die Götter des Himmels und der Erde
> auf den Namen An und Enlil schwören.
> Zu der Zeit war Ziusudra König und Reinigungspriester . . .
> Ein Beschluß wurde gefaßt, daß die Menschheit vernichtet werden soll.
> Kein Urteil, kein Befehl der Götterversammlung kann aufgehoben werden.

23

Drei weitere Gottheiten aus dem astralen Bereich sind nicht weniger wichtig: Nanna (= der Mond; akkadisch Sin oder Su-en), Utu (= die Sonne; akkadisch Schamasch) und Inanna, auch Innin genannt (= der Stern Venus; akkadisch Ischtar).

Nanna – der Mond

Der Gott Nanna, ein Sohn des Enlil, wird vor allem in Ur verehrt. Die Sumerer waren von den wechselnden Mondphasen und der Mondfinsternis so fasziniert, daß ihnen der Mond wichtiger schien als die Sonne. Sie hielten Nanna für den himmlischen Hirten, der seine „trächtigen Kühe" – die Sterne – auf der Himmelswiese grasen läßt. Er ist der Vater des Sonnengottes Utu und der Venusstern-Gottheit Inanna.

Utu – die Sonne

Utu wurde in Larsa, Sippar und Assur verehrt. Sein Symbol ist die Säge, mit der er sich die Himmelstür im Osten aufbricht. Dann fährt er mit seinem Sonnenwagen durch den Tageshimmel. Am Abend erreicht er den Eingang zur Unterwelt, der er nachts Licht spendet, um am Morgen wiederum die Himmelstür gen Osten zu durchbrechen. Er sieht alles, was sich am Tag und in der Nacht ereignet, er kann alles Geschehen beurteilen und fungiert deswegen als Schirmherr des Rechts.

Inanna – Krieg und Liebe

In Uruk herrscht seine Schwester Inanna, die wohl schillerndste Figur des sumerischen Pantheons; ein Vor-Bild für die späteren Göttinnen Ischtar, Anat, Astarte, Atargatis, Aphrodite, Venus. Sie ist Göttin des Krieges, der Liebe, der Fruchtbarkeit, Himmelsherrin . . . Um ihre Gestalt ranken sich so viele Mythen und Texte, daß es nicht mehr möglich ist, ihre ursprüngliche Funktion zu entdecken. Schon Enheduanna, eine Tochter Sargons von Akkad, die als Hohepriesterin des Nanna in Ur amtiert und die religiöse Welt der Semiten mit der der Sumerer synkretistisch zu verbinden sucht, kennt die liebliche und die grausame, die großzügige und die sture, die Me-verteilende und die blitzewerfende Inanna-Ischtar:

> Meine Königin, die großen Götter, die Anunna,
> flohen vor dir wie in Panik geratenes Geflügel,
> konnten vor deinem furchteinflößenden Gesicht nicht bestehen,
> konnten deiner furchteinflößenden Stirn nicht nahesein.
> Wer vermag dein erbostes Herz zu beschwichtigen!

Inannas „Gang in die Unterwelt"

Vielleicht wollte Inanna sogar nach der Herrschaft über die Götter greifen? Daß sie es versucht, ergibt sich aus dem Mythos über ihren „Gang in die Unterwelt". Inanna bereitet sich sorgfältig auf diese Reise vor. Sie macht sich schön und vergißt ihre göttlichen Attribute nicht. Ihrem Wesir Ninschubur (jeder Gott hatte einen solchen „Engel" zu seiner Verfügung) gibt sie den Auftrag, er solle – falls sie nach drei Tagen nicht zurückgekehrt sei – ein Klagelied im großen Versammlungssaal der Götter anstimmen und dann der Reihe nach die Götter Enlil in Nippur, Nanna in Ur und schließlich Enki in Eridu um Hilfe bitten. Dann geht sie allein in die Unterwelt. Bei jedem der sieben Tore muß sie, eins ums andere, ihre Kleider und ihre göttlichen Attribute abgeben. So kommt sie nackt vor die Göttin der

24

Unterwelt, ihre Schwester Ereschkigal. Der Haß der Schwester bringt Inanna den Tod; ihre Leiche wird an einem Haken aufgehängt. Der Wesir Ninschubur alarmiert den Gott Enki und der sorgt dafür, daß das lebenspendende Wasser aus seinem Besitz über Inannas Leichnam gegossen wird. Das Leben kehrt in Inanna zurück, doch aus der Unterwelt wird sie erst dann endgültig entlassen, wenn sich Ersatz für sie findet. Die Unterweltsdämonen begleiten Inanna auf die Erde. Hier trauern alle um Inanna – außer Dumuzi (Tammus), ihrem Geliebten. Darum will ihn Inanna den Dämonen ausliefern. Dumuzi aber flieht zu seiner Schwester Geschtinanna, die ihn trotz dämonischer Tortur nicht verrät. Sie stirbt und die Dämonen töten auch Dumuzi und führen beide in die Unterwelt. Diese Dämonen sind:

Dämonen

> Wesen, die Essen nicht kennen, Wasser nicht kennen,
> die das dargebrachte Opfermehl nicht essen,
> die das dargebrachte Opferwasser nicht trinken,
> die den Schoß der Frau nicht beglücken,
> die nicht wohlgeratene Kinder küssen,
> die den Sohn des Mannes von seinen Knien wegraffen.

Votivplakette des Urnansche von Lagasch (26. Jh. v. Chr.): Der König trägt einen Korb Lehm, aus dem die Ziegel für den Tempelbau hergestellt werden, unten Libation bei der Einweihung des Tempels

Ihre Heimat ist die Unterwelt, das Reich der Ereschkigal, zu der sich andere Götter gesellen: Nerigal (akkadisch Nergal), den Ereschkigal zur Ehe zwang; Neti, der Chef der Torhüter, Enmescharra.

Die Unterwelt ist nicht die Hölle; denn hierher kommen alle Menschen, gleich wie gut sie auf Erden den Göttern gedient haben mögen. Doch da die Götter in der Unterwelt der Menschendienste nicht mehr bedürfen, sind diese Menschen zu sinnloser Existenz „verdammt". Mit Recht fragt Neti am Tor: „Wieso bist du in das Land gekommen, aus dem es keine Rückkehr gibt? Wieso hat dich dein Sinn den Weg geführt, über den keiner zurückkehrt?" Ein frommes Erdenleben und die peinlich genaue Erfüllung aller Riten und des Kults dienen bei den Sumerern nur einem Ziel: die Begegnung mit Namtar (der Name bedeutet auch „das Schicksal"), dem Dämon des Todes, möglichst lange hinauszuschieben. Wir wissen freilich über die Unterwelt nicht ganz genau Bescheid. Einige Texte lassen glauben, daß etwa Könige nach dem Tod in ihrem Unterweltpalast wohnen, daß sie Opfer darbringen und auch erhalten. Der eben verstorbene König Urnammu – der Gründer der III. Dynastie von Ur – bringt seinem Jahrhunderte zuvor verstorbenen Vorgänger Gilgamesch Opfergaben.

Die heilige Hochzeit

Der Mythos von Inannas und Dumuzis Liebe findet seinen Nachklang in dem alle Fruchtbarkeit stiftenden Ritus der „heiligen Hochzeit". Viele Motive und Göttergestalten verbinden sich im Laufe der Zeit mit dieser merkwürdigen Institution, die als Neujahrsfeier begangen, in späterer Zeit nur mehr symbolisch dargestellt wurde.

Der König, der Dumuzis Rolle übernimmt, zieht in feierlicher Prozession zum Heiligtum. Dort erwartet ihn eine festlich geschmückte Priesterin,

Königsstandarte aus Ur (um 2500 v. Chr.), Friedensszene: Trinkgelage des Königs, Gabenhuldigung

die Inanna (oder, je nach der Stadt, eine andere Göttin) repräsentiert. Sie begrüßt den König mit einem Lied:

> Dein Kommen ist Leben,
> dein Herannahen ans Haus ist Fülle;
> bei dir zu liegen ist die höchste Freude,
> Liebster!

Der Hochzeitsakt, in dem sich Gott und Göttin, König und Priesterin auf der obersten Tempelterrasse vereinen, soll dem ganzen Land Fruchtbarkeit sichern: dem Acker und den Herden, dem Wild und dem Fisch:

Vgl. S. 16

> Inanna, deine Brust ist wie ein Feld,
> dein weites und breites Feld, das die Pflanzen nährt,
> dein weites Feld, das das Getreide nährt.

Die Götter Sumers sind menschlich gedacht, doch fehlt es ihnen nicht an übermenschlichen Zügen: sie sterben und stehen wieder auf; sie verkehren geschlechtlich mit Gott und Mensch; sie sind müde und brauchen Schlaf; sie stehlen und töten; sie helfen und sind voller Zuneigung. Ein sumerischer Skeptiker kommt zur Überzeugung:

> Der Wille eines Gottes ist unmöglich zu verstehen,
> die Handlungsweise eines Gottes ist unmöglich zu erahnen.
> Es ist unmöglich, etwas über einen Gott herauszufinden.

Königsstandarte aus Ur (um 2500 v. Chr.), Kriegsszene: Königsgefolge, Fußvolk und Streitwagen

**Zwei Bilder von der
Zikkurat von Ur
(um 2100 v. Chr.);
erhalten ist nur
die unterste „Etage"**

Sumer und die Bibel

Die Bibel kennt Sumer vielleicht unter dem Namen Schinar (Gen 10,10f).
Doch die vielfachen Berührungen zwischen gewissen biblischen und sumerischen Überlieferungen – Entstehung der Welt, Sintflut, Turm von Babel –
können nicht auf direkte Kontakte zurückgeführt werden. Es handelt sich
vielmehr um Kulturgut, das sich von Sumer ausgehend im ganzen Nahen
Osten verbreitete und der Form nach auch in die Bibel Eingang fand. In
manchen Fällen hilft der Vergleich zum Verständnis einer dunklen Bibel-
stelle. So hat man z. B. versucht, die sprichwörtliche Rippe Adams, aus der
Gott die Eva (= Lebendige) formte (Gen 2,21f), aufgrund der sumerischen
Sprache zu erklären. Denn nur im Sumerischen bedeutet das Wort „ti"
sowohl „Rippe" als auch „Leben". Doch nicht jeder Vergleich hält, was er
verspricht.

28

2. Die Ägypter

Anfänge

Schon im Paläolithikum finden sich früheste Spuren menschlichen Daseins auf ägyptischem Boden. Doch erst im Neolithikum läßt sich eine Besiedlung eindeutig nachweisen. Die Entwicklung begann im 5. Jahrtausend im Nildelta. Hier konnte der Boden ohne großen Aufwand nutzbar gemacht werden. Das Sumpfgebiet ermöglichte die Vogeljagd, das Wasser die Fischerei. Später kamen Jägernomaden aus dem Süden oder Westen. Dieses dynamische Element bewirkte das Entstehen eines einheitlichen Staates, eingezwängt zwischen die Wüsten, auf den schmalen fruchtbaren Erdstreifen entlang des Nils beschränkt, der imstande war, die – nach der Sumerischen – älteste Hochkultur der Welt zu entwickeln.

Ägypten lebt vom Nil. Der rund 6500 km lange Fluß führt in den Monaten Juni-September Hochwasser mit fruchtbarem Schlamm aus dem

Seit über 4000 Jahren wachsen Pyramiden aus der Wüste in den Himmel

äthiopischen Hochplateau. Früh schon lernten die Ägypter diese natürliche Chance zu nutzen: Einerseits wurden Deiche, Dämme und Kanäle gebaut, andererseits errichtete man Kräne und ähnliche Hebevorrichtungen, um das lebenspendende Wasser auf höhergelegene Felder zu bringen. Solche Unternehmungen erfordern eine straffe Organisation der Arbeit, der Planung und Archivierung, des Rechnungswesens und der Versorgung der Arbeiter – Erfahrungen, die bei der Errichtung eines funktionsfähigen Staatswesens fruchtbar werden und auch zur Erfindung der Schrift führen.

Erfindung der Schrift

Die früheste Schrift kann in Ägypten in das Ende des 4. Jahrtausends datiert werden. Die Frage, ob es sich um eine genuin ägyptische Errungenschaft handelt, oder ob irgendein Zusammenhang mit der sumerischen Schrift besteht, läßt sich letztlich kaum klären. Die ägyptische Schrift entwickelt sich aus einfachen Piktogrammen (Bildzeichen) über Ideogramme (Begriffszeichen) zum konsonantischen Alphabet. Die ältesten Schriftzeichen werden Hieroglyphen genannt (aus dem griechischen hierós = heilig, und glýphein = schnitzen, schneiden). Es war eine Monumentalschrift, die vor allem auf den Mauern von Tempeln und anderen Bauten Verwendung fand. Doch schon bald wurde eine kursive Variante entwickelt, die man zum rascheren Schreiben, z. B. auf Papyrus oder Leder, benutzte. Diese Schriftart wird als hieratisch bezeichnet (aus dem griechischen hieratikós = priesterlich), weil sie in späterer Zeit vor allem von Priestern bei der Niederschrift religiöser Texte verwendet wurde. Schließlich entstand vor dem 7. Jh. v. Chr. das Demotische (aus dem griechischen demotikós = völkisch, volkstümlich), eine sehr vereinfachte Kursivschrift. Zunächst diente sie dem Alltagsgebrauch, Briefe, Handelskorrespondenz, Rechnungen wurden demotisch geschrieben; doch unter den Ptolemäern wurde sie zur Schrift schlechthin. Ursprünglich schrieb man die Hieroglyphen ohne festgelegte Richtung: von rechts nach links, von links nach rechts, von oben nach unten.

Beide Seiten der „Narmerpalette" (um 3100 v. Chr.): Der König erobert und eint Oberägypten und Unterägypten

Die eigentliche Geschichte Ägyptens beginnt mit der Vereinigung von Ober- mit Unterägypten und mit der Gründung der sog. ersten Dynastie etwa um 3100 v. Chr. Dem Beispiel des ägyptischen Priesters Manetho folgend, der im 3. Jh. v. Chr. die Geschichte des ägyptischen Reiches in 30 (oder 31) Dynastien aufteilte (die zusätzlich als Altes Reich: 3.–6. Dynastie; Erste Zwischenzeit: 7.–10. Dynastie; Mittleres Reich: 11.–13. Dynastie; Zweite Zwischenzeit: 14.–17. Dynastie; Neues Reich: 18.–20. Dynastie bezeichnet werden), halten sich die Ägyptologen noch heute an diese Periodisierung, weil sich auf diese Weise bestimmte Klippen der noch nicht restlos geklärten Chronologie umgehen lassen. Mem-

fis in Unterägypten gilt als die erste Residenz. Ihre Herrscher jedoch stammten aus dem oberägyptischen Thinis (noch nicht entdeckt?). Sie ließen sich, entsprechend ihrer Herkunft, in nomadischen Hügelgräbern in Abydos (Mittelägypten) bestatten – zusammen mit ihren Frauen und ihrem Gefolge – und legten so den Grundstein für die Entstehung des wichtigsten Kultortes des Osiris. Die absolute Vormachtstellung des Herrschers drückt sich in seiner Identifizierung mit der Sonne, der Weltgottheit, aus.

Auch im wirtschaftlichen Bereich spürt man das Streben nach Zentralisierung. Im ganzen Land werden Hofgüter angelegt, die Entprivatisierung nimmt ihren Lauf. Mit der Zeit wird der König das Zentrum der göttlichen

Ein totalitärer Staat

31

Macht. Er hält durch rituelle Handlungen die Welt in der gewünschten Ordnung; er ist – im wörtlichen Sinn verstanden – Vater aller Kinder. Er lebt getrennt von seinen Untertanen; nur die Prinzen, die im Kontakt mit den normalen Sterblichen als Abglanz des Gottkönigs gelten, dürfen ihn sehen.

Pyramiden

Die ersten Pyramiden entstehen während der 3. Dynastie. Dschoser verschmäht die Nekropole von Abydos und baut sein Grabmal, eine Stufenpyramide, in Sakkara. Sie sollte wohl die Funktion des Königs als „Erhalter des Landes" über den Tod hinaus dokumentieren. Der König selbst reist nun nicht mehr in zweijährigem Turnus durch das Land, sondern überträgt diese Aufgabe seinem Wesir, der Recht spricht und die Steuerzählung anordnet. Die Errichtung von Gauen, deren Zentren jeweils königliche Güter sind, erleichtert die Steuererhebung, doch sie führt konsequent zu totaler Verstaatlichung des Bodens und zur Verknechtung der Menschen. Eine auswuchernde Bürokratie, die Errichtung großer königlicher Gebäude (König Cheops baut sich in Gizeh die größte Pyramide, 146 × 230 m) und Kriege (im Süden gegen die Nubier, im Norden gegen die Libyer) führen die Staatsfinanzen ins Defizit. Durch eine nun alljährlich stattfindende Steuerzählung und einen intensiveren Außenhandel schafft man Abhilfe. So wird

Außenhandel

etwa Holz aus dem Libanon (über Byblos) eingeführt, das man zum Bau von Schiffen benötigt. Kriegs- und Forschungsexpeditionen werden in den Sinai (Kupfer und Türkis) geschickt; in ihrem Verlauf kämpft man im östlichen Delta mit den Beduinen Schasu und errichtet eine Reihe von Befestigungen, die als „Die Mauer des Fürsten" bekannt wurden. Aus Nubien bezieht man Ebenholz, Elfenbein, Weihrauch und Sklaven, aus Byblos Tannenholz. Ägypten verändert sich. Die Beamtenschaft rekrutiert sich nun nicht mehr ausschließlich aus den Prinzen; die Gauverwalter verknüpfen ihr Amt öfter mit dem des Priesters einer lokalen Gottheit; die königliche Residenz verliert ihren Exklusivanspruch. Langsam lernt man, die Einzelperson zu werten. Schepseskaf etwa errichtet seine Grabanlage nicht als Pyramide, sondern als Sarg (immerhin 18 m hoch!). Mehrere Könige der 5. Dynastie bauen ihre Pyramiden bei Abusir, dem Sonnenheiligtum. Der Weltgott Re siegt über die königliche Sonne.

Die 6. Dynastie verdankt ihre Beständigkeit den Aktivitäten Pepis I., der durch seine guten Architekten die Bevölkerung an großen Bauten beschäftigte, um sich selbst in manches außenpolitische Abenteuer zu stürzen. Er führte Expeditionen nach Byblos und Nubien, befriedete den Sinai und die Beduinen im Ostdelta. Sein Nachfolger Merenre I. brauchte nur noch in Nubien nachzusetzen, worauf sich Pepi II. lange, ruhige Herrscherjahre gönnen konnte. Doch gerade die Friedenszeit führte zum Ruin: es gab immer mehr Priester und Beamte, die Zusatzeinnahmen aus eroberten Ländern blieben aus. So verlangt man mehr Abgaben von den eigenen Leuten und beutet die Bauern über Gebühr aus. Sie revoltieren, besetzen die von ihnen bearbeiteten Ländereien, die Verwaltung verliert Übersicht und Kopf; der Untergang ist nahe.

Die sog. erste Zwischenzeit ist von inneren Wirren geprägt, die Reichsorganisation löst sich auf, Teilstaaten mit den Zentren Memfis, Herakleopolis, Theben, Abydos entstehen. Auch diese Zentren verlieren ihre Autorität bald an die Kommandanten der vielen Militärstationen, die eigene Interessen verfolgen, und an Bauern, die die Steuern verweigern und nur noch für ihre kleine dörfliche Welt produzieren wollen. Der Handel erlahmt; die Schiffer auf dem Nil müssen mehreren Herren Gebühren entrichten, der fast perfekte Kalender kann nicht mehr einheitlich durchgesetzt werden, die Nilflut wird nicht mehr zu Gunsten aller genutzt. Doch der sozialen Revolution gelang es nicht, ihre Errungenschaften in einen großen politischen Rahmen einzubringen. Die Folge ist Resignation, die Wendung zur Innerlichkeit. Die Schreiber, denen wir die Zeugnisse aus dieser Zeit verdanken, haben durch den Umsturz ihre Pöstchen verloren. Sie finden kein gutes Wort für das Neue. In den Mahnworten des Ipuwer wird die Situation eindeutig geschildert:

> Die Wüste kommt über das Land
> Das Vieh läuft frei, niemand kümmert sich darum
> Edle wehklagen, Arme sind voll Freude
> Wer früher kein Getreide hatte, besitzt Kornspeicher
> Der frühere Taglöhner zahlt den Lohn aus
> Ausländer sind Volksgenossen geworden
> Das ganze Land dreht sich wie die Töpferscheibe

Auch die Lehre für König Merikare nennt Ursachen für die Misere. Sie schreibt ins Stammbuch des Königs:

Es gibt niemand, der keinen Feind hätte.
Und: Ein großer Mann ist so groß
wie seine großen Männer groß sind.

Zeittafel

3100–2890	1. Dynastie	2565–2540	Chefren
	„Menes" Narmer	2540–2512	Mykerinos
		2512?	Schepseskaef
2686–2180	**Altes Reich**	2512–2345	5. Dynastie
	3.–6. Dynastie	2345–2181	6. Dynastie
2686–2625	3. Dynastie	2345–2312	Teti
	Nebka	2312–2283	Pepi I.
	Dschoser	2276–2182	Pepi II.
2625–2512	4. Dynastie		
2625–2600	Snofru	2180–2050	**Erste Zwischenzeit:**
2600–2575	Cheops		7.–10. Dynastie

Mittleres Reich: 2050–1633

Viel Zeit vergeht, bis Ordnung und Einheit wieder hergestellt sind. Den thebanischen Herrschern der 11. Dynastie gelingt die Einigung des Reichs. Den Aufschwung allerdings schafft erst die 12. Dynastie unter dem starken König Amenemhet I., der seine Residenz südlich von Memfis (beim heutigen Lischt) errichtet. Von hier aus führt er seine Kriegszüge nach Nubien und Libyen; im Nordosten läßt er die „Mauer des Fürsten" als Verteidigungslinie gegen die Beduinen wieder errichten. Sein scharfes Vorgehen gegen die Gaufürsten sowie die militärische Überorganisation der Überwachung im Inneren bringt ihm den gewaltsamen Tod. Texte wie „Das Testament des Amenemhet" und „Die Geschichte des Sinuhe" schildern die Situation zu dieser Zeit. Die letztgenannte Erzählung öffnet auch Einblicke in die Lage Kanaans. Beide Texte entstanden zur Zeit Sesostris' I. Unter ihm und seinen Nachfolgern erlebt Ägypten eine materielle Glanzzeit: Friede herrscht von Unternubien bis Syrien; neue Tempel entstehen, alte werden wieder aufgebaut; Oasen werden wirtschaftlich erschlossen; in der Handelsbilanz erscheinen Einkünfte aus den Gebieten zwischen Innerafrika und Babylonien. Doch einen ‚ägyptischen Frieden' im eigentlichen Sinn gab es nicht. Denn es ging den Ägyptern ja nicht um politische Übermacht, sondern nur um die Sicherung ihrer Handelswege, zu deren Schutz sie sogar magische Mittel einsetzen. Wir kennen aus dieser Zeit mehrere sog. Ächtungstexte, die sich meist gegen lokale Führer im palästinischen Raum richten: Man schrieb den Namen des zu vernichtenden Fürsten auf ein Tongefäß oder auf eine Tonfigur, die dann zerbrochen wurden – so sollte es dem genannten Feind ergehen.

Geschichte des Sinuhe vgl. S. 82

Amenemhet III. war der letzte bedeutende König des Mittleren Reiches; er war auch der letzte Bauherr einer Pyramide, die er sich bei Faijum errichten ließ. Er schuf das erste Labyrinth und hätte mehr Anrecht auf den Ruhm als jener kretische König Minos, der dem Ägypter die Idee und auch die Ehre stahl.

Nach der 12. Dynastie beginnt eine Periode der Schwäche. Der absolute Anspruch der Staatsmacht zerbröckelt unter den Ansprüchen kleiner Fürsten, die, gleich kleinen Göttern, in mehreren Provinzzentren herrschen. Das Land ist bereit für die Invasion der Hyksos.

Invasion der Hyksos Zweite Zwischenzeit: 1633–1567

Der Name Hyksos („Herrscher fremder Länder") bezeichnet nicht eigentlich ein Volk, sondern bezieht sich auf eine breitgefächerte Bewegung semitischer (Nomaden im Sinai und Ostdelta) wie nichtsemitischer Völkerschaften (etwa Hurriter, Amoriter usw). Um die Mitte des 18. Jh. begannen sie eine stärkere Infiltration nach Ägypten; um die Mitte des 17. Jh. sind die Hyksos in Ägypten voll da. Sie benutzen Kampfwagen und Kampfrosse, gründen im Delta die Hauptstadt Awaris (= Zoan) und stellen sich unter den Schutz des Gottes von Awaris Baal-Seth. Von hier aus herrschen die Hyksoskönige über Ober- und Unterägypten. Sie führen ein Lehenssystem ein, das den einheimischen Kleinfürsten ausreichend Handlungsfreiheit gewährt.

Zeittafel

2050–1633	**Mittleres Reich:**	1843–1795	Amenemhet III.
	11.–13. Dynastie	1786–1633	13. Dynastie
2050–1991	11. Dynastie		
1991–1786	12. Dynastie	1633–1567	**Zweite Zwischenzeit:**
1991–1971	Amenemhet I.		14.–17. Dynastie
1971–1928	Sesostris I.	1750–1550	Die Hyksoszeit
1878–1843	Sesostris III.		

Das ägyptische Hyksosintermezzo ist nicht von langer Dauer. Die Rebellion beginnt in Theben. Der dort regierende Kamosis will nicht nur die Funktion, sondern auch den Titel „Herrscher", den ihm der Hyksoskönig Apophis verwehrt. Kamosis' Bruder Achmosis erreicht das Ziel: er ist „Herrscher" von Nubien bis Syrien; Kanaan und Syrien fallen ihm ohne größeren Widerstand zu. Damit ist das Neue Reich gegründet; die berühmte 18. Dynastie sitzt auf dem Thron. Schon Achmosis hatte begriffen, daß militärische Erfolge mit innerstaatlicher Konsolidierung Hand in Hand gehen müssen, wenn sie von Dauer sein sollen. Er organisiert die Verwaltung neu, schafft die „Brotstellen" ab, führt ein neues Versorgungssystem ein, das den Bedürfnissen seiner Söldnerarmee entspricht. Die Stellung des Königs wird nicht nur politisch, sondern auch theologisch abgesichert. Er ist nun Gottes Sohn, sein Vater ist Amon-Re. Führt heilige Scheu zum Wandel in der Bezeichnung des Herrschers? Der königliche Palast wird „das große Haus" (ägyptisch pr-'3) genannt. Seit Tutmosis III. wird diese Bezeichnung auf den König selbst übertragen; sie ist uns in der Form „Pharao" geläufig.

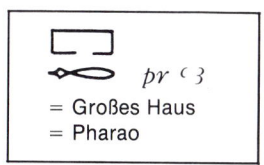

= Großes Haus
= Pharao

Tutmosis III., der Sohn einer Nebenfrau Tutmosis' II., kam als Kind auf den Thron. Der „Sohn Gottes" wurde mit der „Gottesgemahlin" vermählt, einer Tochter seines Vaters mit seiner Hauptfrau Hatschepsut, die ihrerseits eine Tochter Tutmosis' I. war: Stiefmutter, Schwiegermutter und Tante des neuen Pharao zugleich. Hatschepsut führt die Regierungsgeschäfte zunächst als Regentin. Doch bald erringt sie die Königswürde. Vor allem ihr Günstling Senmut, der den großartigen Terrassentotentempel in Der el-Bahari baute, unterstützt sie. Auch in Medinet Habu, Karnak und Beni Hassan – alles Orte in Mittel- und Südägypten – läßt die Königin bauen. Diese merkwürdige Frau orientiert sich nicht nach Asien, sie kümmert sich nicht um Syrien, wo sich jetzt die Mitanni und Habiru breitmachen; sie kapselt sich in Afrika ab. Tutmosis III., ein König ohne Königsmacht, rebelliert. Er stürzt Hatschepsut und versucht, ihr Gedächtnis auszulöschen. Die vielen Statuen der Hatschepsut werden zertrümmert, in allen Inschriften wird ihr Name ausgemeißelt: Rache des Zurückgesetzten.

Tutmosis III. hat andere politische Ideen als Hatschepsut. Er begreift, welche Bedrohung das Mitannireich für den Handel im kanaanäisch-palästinischen Raum bedeutet und unternimmt mehrere Feldzüge zur Wahrung

ägyptischer Interessen. Er erweitert und festigt den ägyptischen Machtanspruch im kanaanäisch-syrischen Bereich bis nach Ugarit und zum Eufrat. In den größeren Städten stationiert er ägyptische Truppen, um den immer wieder aufflammenden Unruhen Einhalt zu gebieten. Schon bei seinem ersten Feldzug (insgesamt waren es sechzehn) gelang Tutmosis III. bei Megiddo ein glänzender Sieg über die promitannischen Städte, die unter der Führung von Kadesch rebellierten. Er versucht, seine mehr oder minder großen Erfolge durch die Errichtung von drei asiatischen Provinzen (Kanaan, Amurru, Upe) zu stabilisieren. Vermutlich aus demselben Grund baut er Memfis als seine Residenz aus. Die Bautätigkeit dieser Zeit übersteigt alles bisher dagewesene; man denke nur an Karnak. Auf einer Stele findet sich das Lob des Gottes Amon-Re für seinen König:

> Deine Monumente sind größer als die jedes Königs, der jemals gelebt hat. Ich habe dir aufgetragen, sie zu bauen und bin jetzt zufriedengestellt. Ich lasse dich Millionen von Jahren auf dem Thron des Horus bestehen. Du wirst die Menschen durch die Ewigkeit führen.

Amenophis II. – der Nachfolger Tutmosis' III. – findet einen geordneten Staat vor. Doch auch er muß mehrmals Richtung Kanaan und Syrien ziehen, um den durch die Mitanni geschürten Unruhen entgegenzuwirken. Dabei kann er sich mehr schlecht als recht behaupten; aber er wähnt sich groß und läßt sich in Inschriften gern mit kanaanäischen Gottheiten wie Reschef oder Baal vergleichen. Sein Nachfolger Tutmosis IV. hat mehr Erfolg; er verzichtet auf die umkämpften nordsyrischen Besitzungen und besiegelt durch dynastische Heirat einen dauerhaften Frieden.

Im Jahr 1417 v. Chr. besteigt Amenophis III. den Thron; die Voraussetzungen für eine Glanzzeit sind günstig, doch der Pharao verpaßt die Chance. Er engagiert sich nicht außenpolitisch gegen die in Kanaan auftretenden Hapiru/Habiru; er läßt zu, daß die Provinz Amurru sich zum unabhängigen Staat entwickelt und greift kaum jemals in die Rivalitäten zwischen den einzelnen Stadtstaaten ein. Wenn ein loyaler Herrscher um seine Hilfe bittet, verspricht er sie großzügig. So auch dem Intaruta von Achschaf:

Amenophis III. und seine Frau Teje, die „Bürgerliche"

> Aufgepaßt, aufgepaßt! Reiß dich zusammen!
> Bereite für das Heer des Königs
> Verpflegung in Fülle vor,
> Wein und alles übrige in Fülle!
> Bald, sehr bald wird er jetzt zu dir kommen
> und den Kopf der Feinde des Königs abschlagen.
> Du sollst sicher wissen, daß der König sich wohlbefindet
> wie die Sonne am Himmel.
> Seine Fußtruppen und seine Reiterei sind wirklich
> in absolut intakter Verfassung.

Das Versprechen klingt gut. Nur: es wurde nie rechtzeitig eingelöst.

Eine schwere innere Krise erschüttert das Land. Es gelingt dem Pharao nicht, die Gegensätze zwischen Beamten, Priestern und Militärs auszugleichen. Die Großbauten, die auf seinen Befehl entstehen – etwa der große Tempel von Luxor oder die „Memnonskolosse" vor seinem Totentempel – befriedigen zwar gewisse Interessengruppen, doch die Priesterschaft des Amontempels in Theben will von ihren alten Rechten und den Traditionen (eine „Bürgerliche" wurde Hauptfrau des Amenophis!) nicht abrücken. Sie bildet ein Nest der Unzufriedenheit. Dazu kommt, daß der Pharao, der der Sonnenscheibe als solcher göttliche Ehre zuerkennen will, auch theologisch Anstoß erregt.

Unter Amenophis IV. wird der Kult der Sonnenscheibe zur alleinigen Lehre erhoben. Der Pharao plant einen radikalen Umsturz; er will von anderen Göttern nichts mehr wissen: Er gibt seinen Namen („Amon ist

Echnaton mit seiner Familie

zufrieden") auf und läßt sich fortan Echnaton (= Achenaten; „Derjenige, der dem Aton gefällt") nennen. Er verläßt Theben, den Sitz des Gottes Amon, und baut seinem Gott in Mittelägypten eine neue Stadt: Achetaton. Sie ist heute unter dem Namen el-Amarna bekannt und wurde durch das Archiv Echnatons und seines Vaters, das man vor fast hundert Jahren entdeckte, berühmt. Die neue Religion findet ihren spezifischen Ausdruck im Hymnus an Aton – die Sonne (vgl. Ps 104):

Der Sonnengesang

Schön zeigst du dich am Horizont des Himmels,
du lebender Aton, du Ursprung des Lebens.
Durch deinen Aufstieg im Osten
werden alle Länder mit Schönheit erfüllt . . .

Du bist zwar fern,
aber deine Strahlen sind auf der Erde.
Du stehst vorm Angesicht der Menschen,
aber niemand kennt deinen Weg . . .

Du machst fruchtbar den Samen in den Frauen,
den Keim verwandelst du in Menschen,
das Kind im Leib seiner Mutter machst du lebendig,
du versorgst es mit allem,
was es vom Weinen abhält,
du Nährmutter im Mutterleib . . .

Wie zahlreich sind deine Werke!
Sie sind dem Anblick nicht ersichtlich.
Du einziger Gott,
es gibt keinen anderen so wie du.
Du hast die Welt erschaffen, wie du es gewollt hast,
als du noch allein warst:
mit Menschen, Vieh und Tieren,
mit allem, was auf der Erde ist, auf den Beinen geht,
und mit allem, was am Himmel ist, mit den Flügeln fliegt,
die Gegend von Syrien und Nubien, das Land Ägypten –
du hast jedem Menschen seinen Platz zugewiesen,
seinen Bedürfnissen abgeholfen;
jeder hat die nötige Speise,
und seine Lebenszeit ist bestimmt.
Ihre Sprachen haben verschiedene Worte,
verschieden ist ihre Wesensart,
anders ist ihre Haut.
Du hast die fremden Völker anders gemacht . . .

Die Erde ist in deiner Hand,
so wie du alle Dinge geschaffen hast.
Wenn du aufgehst, dann leben sie;
wenn du untergehst, sterben sie:
du bist die Dauer des Lebens selbst,
denn jeder lebt durch dich.

Wie alle Reformen war auch die des Echnaton teuer. Neue Strukturen, neue Ämter, neue Leute (schon damals praktizierte man „Umstrukturierung und Umverteilung"!) – alles kostete. Aus dem Ausland kam immer weniger Tribut; zudem ging Nordwestsyrien (von Ugarit bis Kadesch) an die Hetiter verloren. Und die Reform selbst setzt sich nicht durch. Schon Tutanchamon macht sie ganz rückgängig, gibt die Residenz Echnatons auf und zieht nach Memfis. General Haremheb, der Gründer der 19. Dynastie, unterstützt ihn.

Haremheb fungiert als Scharnier zwischen beiden Dynastien. Er verschafft dem Land Ruhe nach der Explosion der „Amarnazeit", er bestimmt die Nachfolge von fünf Pharaonen (inklusive sich selbst). Und er hinterläßt ein bestelltes Haus, so daß sich Seti I. der militärisch-politischen Regelung im Grenzland – in Kanaan und Libyen – widmen kann. Auf ihn folgt der große Ramses II., groß vor allem, weil er die Grenzen des Möglichen erkannte. Als es ihm nicht gelingt, sich gegen die Hetiter in Amurru und Syrien durchzusetzen, schließt er mit Hattuschili III. einen Friedenspakt, in dem er auf nordkanaanäische und nordsyrische Besitzungen verzichtet und

Ramses II. 1304–1237

Der Horustempel in Edfu (2. Jh. v. Chr.)

Ramses II.

gegenseitige militärische Hilfe zur Abwehr von Angriffen Dritter vereinbart. Er verstand es, gegensätzliche soziale Gruppierungen im Zaum zu halten. Ramses baute viel (Theben, Karnak, Luxor, Abydos); bekannt wurde er vor allem durch den Bau seiner Residenzstadt Per-Ramses im Ostdelta, die die Bibel (Gen 47,11; Ex 1,11) Ramses nennt. Hier wollte er gleich zu Beginn seiner Herrschaft einen Stützpunkt für seine geplanten Unternehmungen gegen die Hetiter aufbauen. Die Erinnerung an die Fron hier ist für immer in Israels Gedächtnis eingegraben. Die Ägypter machten den Israeliten „das Leben schwer durch harte Arbeit mit Lehm und Ziegeln und durch alle möglichen Arbeiten auf den Feldern" (Ex 1,14). Der ihm nachfolgende Pharao Merneptah hat an der Ost-, Nord- und Westgrenze Ägyptens mit Aufständen und Invasionen zu kämpfen. Die Libyer schließen sich jetzt mit den Seevölkern gegen Ägypten zusammen, doch der Pharao besiegt sie, nach eigenem Bekunden dank einer Entscheidung des Gottes Ptah:

Ptah sagte über die feindlichen Libu: ‚Liefere sie in die Hand des Merneptah, damit er sie zwingt, das auszuspucken, was sie wie ein Krokodil verschlungen hatten'.

Merneptah läßt die gefangenen Feinde in seinem Land in Militärkolonien ansiedeln. Seinem Selbstlob verdanken wir übrigens auch die erste urkundliche Erwähnung des Volkes Israel („Israel liegt brach"). Nach seinem Tod fällt Ägypten unter schwachen Pharaonen der Anarchie anheim, bis wieder ein General – Setnacht – Königsmacht erringt, eine neue (20.) Dynastie gründet und in kaum zweijähriger Regierungszeit die Grundstrukturen wieder ordnet. Sein Sohn Ramses III. jedoch erledigt die Hauptarbeit. Zunächst kämpft er gegen die aufmüpfigen Libyer. Aber dann bricht vom

Sarkopag des Königs Merneptah (13. Jh. v. Chr.) in Theben

Norden und vom Osten her die Invasion der Seevölker herein; die Existenz des Staates wird in Frage gestellt. Sie kommen aus dem ägäischen Raum und dem Balkan, mit Wagen über Land, mit Schiffen über das Meer. Eine gewaltige Völkerwelle, die auch Ägypten in den Untergang zu reißen droht. Doch Ramses III. besiegt sie.

Invasion der Seevölker vgl. S. 125

> Ich dehnte die Grenzen Ägyptens aus und besiegte die, die aus ihren Ländern gegen sie anrannten. Ich tötete die Danuna auf den Inseln, die Tscheker und die Philister wurden in Asche verwandelt. Die Schirdan und Waschasch vom Meer sind vernichtet, allsamt wurden sie gefaßt und zahlreich wie Sand am Meeresstrand in die Gefangenschaft nach Ägypten geführt.

Seine Hofschreiber schildern den Kampf plastischer:

> Seine Majestät rückte gegen sie aus wie ein Wirbelwind, blitzschnell schlug er auf dem Schlachtfeld. Schreck vor ihm und Entsetzen lähmte ihren Leib. Sie fallen, kippen auf der Stelle um. Ihr Herz ist weg, ihr Geist geflohen. Ihre Waffen sind übers Meer verstreut.

Nach diesem Sieg kann Ramses III. den Kampf gegen die Libyer zu Ende führen und auch die Westgrenze absichern. Doch diese Siege waren teuer. In den letzten Jahren des Siegers erfaßt die Wirtschaftsmisere alle Lebensbereiche und setzt sich unter seinen Nachfolgern munter fort. Selbst die Beschäftigten der Totenstadt Der el-Medina streikten, weil sie keine Lebensmittelrationen erhielten. Was wunder, daß die nächsten Jahre eine Fülle von „Grabräuberprozessen" mit sich bringen! Fatal ist auch, daß die Pharaonen in Oberägypten ihre Autorität kaum mehr durchsetzen können. Dort herrschen die Hohenpriester des Amon in Theben fast unabhängig. Auch Palästina geht gänzlich verloren; die Stämme Israels setzen sich fest. Ägypten schrumpft; der Sonnengott scheint nicht mehr heiter über seinem Land. Als schließlich Ramses XI. gegen seine eigene Bevölkerung kuschitische Truppen einsetzt, ist der Niedergang vollzogen. Die herbeigerufenen Helfer stellen die Ordnung im Land wieder her . . . und bleiben im Lande, um diese Ordnung zu hüten. Das ist das Ende des „Neuen Reiches".

Nun folgen lange Jahre, in denen Ägypten nicht mehr als geeinter Staat existiert. Das mächtigste politische Gebilde ist der Gottesstaat des Amon in Theben (Mittel- und Oberägypten); andere Fürstentümer gruppieren sich um Hauptstädte wie etwa Memfis, Bubastis, Hermopolis oder Herakleopolis. Zeit- oder gebietsweise besteht eine übergeordnete Macht, ja es werden weitere Dynastien gezählt (21.–24. Dynastie), doch der Titel Pharao ist durch die Wirklichkeit längst nicht mehr gedeckt. Die meisten Pharaonen sind libyscher Herkunft, sie residieren im Delta, zumeist in Tanis (biblisch: Zoan). Im Süden des Landes gelangen die Nubier (die biblischen „Kuschiter", die griechischen „Äthiopier") an die Macht.

Zersplitterte Einheit

Aus dem Totentempel Ramses' III.

Diese Machtzersplitterung war es, die letzten Endes dem um die Jahrtausendwende entstandenen Großreich Davids und später den getrennten Reichen Israel und Juda die politische Existenz erleichterte, wenn nicht erst überhaupt ermöglichte. Die Gründung dieses Staates hat, vor allem im Bereich des Ostdeltas, Rückwirkungen auf Ägypten. Der Handel mit Asien, das jetzt nicht mehr durch Ägypten kontrolliert wird, geht zurück; die Städte verarmen. Die Städte im Westdelta dagegen erleben eine Zeit wirtschaftlicher Blüte, die hauptsächlich in guten Handelskontakten mit Griechenland gründet. Hier haben libysche Stadtfürsten von Sais das Sagen. Einer von ihnen, Tefnachte, gründet die 24. Dynastie, greift nach Mittelägypten – und wird von Nubien auf seinen Platz verwiesen. Es sind die Nubier, nicht die Libyer aus Sais, die sich in den letzten Jahrzehnten des 8. Jh. um die Wiederherstellung der Einheit Ägyptens mühen. Sie erreichen ihr Ziel, als Schabaka im Jahr 715 ein neues Großreich Ägypten schafft. Zu diesem Zeitpunkt war eine Zentralmacht lebensnotwendig, denn die Assyrer bedrohen nicht nur Philistäa und Judäa – Israel eroberten sie schon im Jahr 722 –, sondern Ägypten direkt. Bis zu dieser Zeit war das Verhältnis zwischen Nubien und Assyrien von keiner Feindschaft getrübt. Doch nun schickt Ägypten Hilfstruppen, um u. a. Jerusalem zu entlasten (vgl. 2 Kön 19,9). Sie werden zurückgeschlagen und die Assyrer lassen die Grenze ihres Einflußbereichs gegen Ägypten durch unabhängige Beduinenstämme schützen. Der Assyrer Sanherib kann sich nicht durchsetzen, das militärische Glück seines Nachfolgers Asarhaddon ist wechselhaft. Pharao Tirhaka aber, mehr als einmal geschlagen, mehr als einmal Sieger, muß den Assyrern Unterägypten überlassen. Zeitweise gewinnen die Nubier das Deltagebiet zurück, doch dann setzt Assurbanipal die ganze assyrische Heeresmacht ein und erobert Oberägypten mit Theben.

Ägypten verdankt seine Chance zum Wiederaufleben unter Psammetich I. der Rivalität zwischen Assyrien und Babylonien, die das ganze assyrische Heer fordert. Der Pharao organisiert den völlig zerrütteten Staat neu; dabei hält er sich an die moderneren assyrischen Vorbilder. Sein Sohn Necho II. verbündet sich mit den Assyrern, Joschija von Juda neigt zu den Babyloniern und will 609 v. Chr. die zur verspäteten Entlastung der Assyrer (ihre Hauptstadt Ninive fiel schon 612 v. Chr.) eilende ägyptische Armee aufhalten. Necho siegt, unterliegt aber im Jahr 605 bei Karkemisch den Babyloniern. Nun verzichtet der Pharao auf alle Ansprüche an Palästina-Syrien. Er widmet sich der wirtschaftlichen Konsolidierung, baut eine große Flotte, um mit Phönizien und Griechenland direkten Handel treiben zu können. Er beginnt den Bau eines Kanals – Vorgänger des Suez-Kanals – zwischen dem Roten Meer und dem Mittelmeer. Zu seiner Zeit entsteht auf der Insel Elephantine (bei Assuan) eine jüdische Militärkolonie, die die Südgrenze Ägyptens überwachen soll. Im Jahr 601 v. Chr. kämpft Necho gegen den Babylonier Nebukadnezzar, der versucht, Ägypten an sich zu binden.

Nechos Nachfolger, Männer mit großen Zielen und kleinen Möglichkeiten, können nicht einmal die Zerstörung Jerusalems (587/586 v. Chr.) verhindern. Sie verzetteln sich: schüren Aufstände gegen Babylonien, führen Kriege gegen Nubien, kämpfen in Libyen gegen griechische Kolonisten und bekommen die bürgerkriegsähnlichen Zustände im eigenen Land nicht so recht in Griff. Doch unter der langjährigen Herrschaft von Pharao Amosis II. beruhigt sich die Lage; mit einstigen Feinden wie Babylonien oder dem entlegenen Lydien werden Bündnisse geschlossen. Die Hartnäckigkeit und die kommerzielle Gewitztheit der Griechen wird durch die Zuweisung eines Emporiums in Naukratis belohnt. Ein bescheidener Wohlstand kommt auf.

Zeittafel

Nofretete, die berühmteste Ägypterin

1567–1058	**Neues Reich:**	1085–945	21. Dynastie
	18.–20. Dynastie	978–959	Siamun
1567–1320	18. Dynastie	959–945	Psusennes
1567–1546	Achmosis		
1546–1526	Amenophis I.	945–730	22. Dynastie
1525–1512	Tutmosis I.	945–924	Schischak
1512–1504	Tutmosis II.	924–912	Osorkon I.
1504–1450	Tutmosis III.		
1450–1425	Amenophis II.	791–711	23.–24. Dynastie
1425–1417	Tutmosis IV.	735–720	Tefnachte
1417–1379	Amenophis III.		
1379–1362	Amenophis IV. (Echnaton)	715–664	25. Dynastie
1361–1352	Tutanchamon	715–702	Schabaka
1348–1320	Haremheb	702–690	Schebitka
		690–664	Tirhaka
1320–1200	19. Dynastie		
1320–1318	Ramses I.	664–525	26. Dynastie
1318–1304	Seti I.	664–610	Psammetich I.
1304–1237	Ramses II.	610–595	Necho II.
1236–1223	Merneptah	595–589	Psammetich II.
		589–570	Apries (Hofra)
1200–1085	20. Dynastie	570–526	Amosis II.
1200–1198	Setnachte	526–525	Psammetich III.
1198–1166	Ramses III.		

Die Herrschaft der Perser 6. Jh. v. Chr.

Der Perser Kyrus verändert die Lage grundsätzlich. Er bricht zur Eroberung auf und errichtet das größte Imperium der alten Welt. Sein Sohn Kambyses besiegt Ägypten bei Pelusium im Jahr 525. Pharao Psammetich III. verwaltet das eigene Land im Namen des Kambyses, der nun die Nachfolge der Pharaonen antritt. Zunächst steht er dem ägyptischen „law and order" positiv gegenüber; doch dann ändert er seine Politik, bekämpft und zerstört die Tempel und verwandelt Ägypten in eine persische Satrapie.

Darius I. schlägt einen versöhnlicheren Kurs ein. Er schließt Frieden mit der Priesterschaft, heuert ägyptische Söldner für sein Heer an, unterstützt die Wirtschaft. Seine Kriege mit Griechenland und vor allem die Niederlage bei Marathon (490 v. Chr.) führen zu einem Aufstand in Ägypten, an dem

Die „Memnonskolosse",
Sitzfiguren des Ameno-
phis III. am Eingang zu
seinem Totentempel
(vgl. S. 37)

sich hauptsächlich die in Unterägypten ziemlich stark vertretene griechische Schicht, aber auch die ägyptische Priesterschaft beteiligen (486
v. Chr.). Doch Xerxes schlägt diesen Aufstand rücksichtslos nieder. Vor
allem den Priestern gegenüber vertritt er eine Politik der Härte. In der Folge
kommt es häufig zu Unruhen, die zur Schwächung der persischen Macht
beitragen. Auf diesem Hintergrund läßt sich eher verstehen, daß die Ägypter
den jüdischen Tempel von Elephantine zerstören (410 v. Chr.). Gegen Ende
des 5. Jh. ziehen sich die Perser für einige Jahrzehnte aus Ägypten zurück.
Die nun folgenden „einheimischen" Dynastien (28.–30.) kämpfen und führen Kriege. Sechzig Jahre lang widersetzen sie sich den erneuten Versuchen der Perser, sich Ägyptens wieder zu bemächtigen. Aber es gibt keine
starke Persönlichkeit; die Herrscher sind Epigonen, Möchte-gern-Pharao-
nen. Wen wundert es, daß das ebenso schwache Persien zwischen 342 und
332 v. Chr. doch noch einmal über Ägypten herrscht? Wen wundert es aber
auch, daß das Land im Jahr 332 v. Chr. ohne eine einzige Schlacht an
Alexander den Großen ausgeliefert wird? Alexander läßt sich in Memfis zum
Pharao ausrufen – nicht ohne sich vorher vom Orakel Amons in der Oase
Schiwa göttliche Abstammung bescheinigen zu lassen.

**Alexander der Große
und seine Erben
4. Jh. v. Chr.**

Ptolemäus I. Soter errang sich Ägypten in den Kämpfen um die Nachfolge Alexanders. Im Jahr 305 v. Chr. läßt er sich zum König ausrufen. Obwohl er sich nicht an der über das Erbe Alexanders entscheidenden Schlacht bei Ipsos in Phrygien (301 v. Chr.) beteiligt hatte, erhielt er danach die Herrschaft über Palästina-Syrien (= Zölesyrien), die ihm die Seleuziden – vier Kriege sind Beweis genug – strittig machten. Erst im Jahr 198 v. Chr. gelingt den Seleuziden in der Schlacht bei Paneas (gleichzusetzen mit dem späteren Cäsarea Philippi; vgl. Mk 8,27) der Sieg. Die ägyptische Grenze wird nun bis zum Südzipfel Palästinas zurückverlegt. Zeitweise schrumpft der Ptolemäerstaat auf Mittel- und Unterägypten. Im oberägyptischen Theben herrschen nubische Pharaonen. Doch nach 186 v. Chr. festigen die Ptolemäer ihre Herrschaft wieder über ganz Ägypten. Sie prägen das Land durch einen unverkennbar griechischen Geist, gegen den sich der ägyptische Geist immer wieder empört. Die Geschichte dieses Staates endet mit dem Gifttod Kleopatras im Jahr 30 v. Chr. Ägypten fällt an den römischen Kaiser, wird zur Kornkammer Roms. Einzig Nubien – einstmals Kolonie der Ägypter – übernimmt das Erbe der ägyptischen Kultur.

Zeittafel

525–332	**Die persische Zeit:** 27.–30. Dynastie	332 v. Chr.–330 n. Chr.	**Hellenistisch-römische Zeit**
525–404	27. Dynastie	332–323	Alexander der Große
525–522	Kambyses	305–285	Ptolemäus I. Soter
521–486	Darius I.	285–246	Ptolemäus II. Philadelphus
485–465	Xerxes I.	246–221	Ptolemäus III. Euergetes
464–424	Artaxerxes I.	221–203	Ptolemäus IV. Philopator
423–405	Darius II.	203–180	Ptolemäus V. Epiphanes
404–359	Artaxerxes II.	180–145	Ptolemäus VI. Philometor
404–399	28. Dynastie	145–116	Ptolemäus VIII. Physkon
399–380	29. Dynastie	51–30	Kleopatra VII.
380–332	30. Dynastie	31 v. Chr. – 14 n. Chr.	Oktavianus Augustus
380–363	Nektanebos I.		
342–338	Artaxerxes III.		
337–336	Arses		
335–332	Darius III.		

Tempel und Paläste: Denkmale der Fronarbeit

Im Nilschlamm watende Bauern, in Tempelschulen hockende Schreiber, Fischer und Haremsfrauen, Steinbrucharbeiter und Fürsten, Angestellte in Totenstädten und Priester vieler Götter, Handwerkertrupps, die von einem Bau zum anderen geschleppt werden und Höflinge in der Residenz des Königs, Kuhhirten und Militärkolonnen, Rebellen und Ordnungshüter – sie prägen das Land am Nil. Uns hinterließen sie Pyramiden und Mumien,

Zeugnisse ihrer Art, den Menschen und das Leben zu verstehen: Die Pyramide als Grabstätte, die Mumie als den verzweifelten Versuch, den einen Leib dieses einen Menschen vor Verwesung zu bewahren.

Die pyramidale Größe entwickelte sich allmählich. Die Anfänge waren mehr als bescheiden. Ein Text aus dem Alten Reich erzählt, daß Götter (die bei der Geburt von drei Königsbrüdern halfen) mit nur einem Sack Gerste entlohnt werden:

> Nachdem sie Redschedet von drei Kindern entbunden hatten, kamen die Götter heraus und sagten: Dein Herz sei froh, Rauser. Sieh her, drei Kinder wurden dir geboren. Und er antwortete ihnen: Meine Damen, was kann ich für euch tun? Gebt diesen Sack Gerste eurem Lastträger. Er soll eure Belohnung sein; daraus kann man Bier herstellen. (Der Gott) Chnum lud den Sack Gerste auf den Rücken.

Zentral gelenkte Wirtschaft

Die Ägypter versuchen, jeweils das Beste aus ihrer Lage zu machen und die Entwicklung konsequent voranzutreiben. Die gesamte Wirtschaft war verstaatlicht und wurde zentral gelenkt. Der König oder sein Vertreter entschied über Art und Ort des Einsatzes eines jeden Arbeiters. Diese „freie" Verfügung ermöglichte den Einsatz von qualifizierten Fachkräften an jedem beliebigen Ort. Die mobilen Trupps bauen Tempel und königliche Residenzen wo immer der Wunsch der Regierung oder politische Räson es

Ägyptische Werftarbeiter

Ein ägyptischer Beamter und seine „Leibeigenen"

erfordern. Ganze Städte werden buchstäblich aus dem Boden gestampft. Ein solches Unternehmen erfordert eine Menge spezialisierter Architekten und Bauarbeiter. Wenn Tausende an einer neuen Baustelle eingesetzt werden, muß für Unterkunft und Verpflegung gesorgt sein; selbstverständlich ergeben sich Rückwirkungen auf die wirtschaftliche Struktur des Gebietes.

Die Könige bauten nicht nur Residenzen, sondern auch Städte als Gauzentren und Staatsdörfer; denn die ganze Verwaltung lebt vom direkten Ertrag des Landes. Über lange Zeit hin kann man nicht von Binnenhandel reden, sondern höchstens von einer Verschiebung der Erzeugnisse von einem Teil des Landes in den anderen. Mit der Differenzierung der Wirtschaft, der teilweisen Privatisierung und der Veränderung der Verwaltungsstruktur wurde auch ein Binnenhandel möglich und nötig. Der Zwang zur Beschaffung von Rohstoffen brachte dann Außenhandel und auch Kriege mit sich.

Der wirtschaftliche Aufschwung blieb nicht ohne Wirkung auf Architektur und Kunst, die in Ägypten seit jeher vornehmlich der politisch-religiösen Propaganda dienten. Die Grundprinzipien „ägyptischer Kunst" wurden schon unter den ersten zwei Dynastien erarbeitet. In der Architektur richten sie sich nach den Bedürfnissen des Kultes und des Rituals, in der figürlichen Kunst nach dem sozialen Rang der abgebildeten Person. Götter und Könige sitzen starr oder werden bei ihren Amtsgeschäften gezeigt, mit ideal jungem Körper und schematisiertem Gesicht. Auch die Gestalten von Beamten vermitteln einen starren Eindruck, doch sie sind kleiner als der König; Kopf und Gliedmaßen werden von der Seite, die Schultern und das Auge von vorn gezeigt. Arbeiter werden bei ihrem jeweiligen Geschäft noch kleiner dargestellt. Dieser Kanon der Kunst blieb im Prinzip bis zur ptolemäischen Zeit unverändert. Nur der Pharao-Rebell Echnaton versucht neue Wege: er verordnet den Künstlern eine genaue Wiedergabe des Wirklichen. Diesem Wunsch verdanken wir z. B. eine Darstellung des Königs, der seine Tochter hätschelt, und des liebevollen Lächelns einer Nofretete.

Architektur und Kunst

Echnaton vgl. S. 37

47

Von der bürgerlichen Architektur blieb kaum etwas erhalten, die sakrale Architektur dagegen ist reichlich repräsentiert. Zunächst wurde mit Holz gebaut. Erst in der 3. Dynastie wurde in Sakkara ein Totentempel aus Stein errichtet. Die Entwicklung der Kulttempel fand ihren Höhepunkt und Abschluß zur Zeit der 18. Dynastie in folgendem Schema: Vom Hafentempel, der am Nil selbst oder an einem Nilkanal lag, führte eine zuweilen von Sphinxen gesäumte Feststraße zum Tempeltor. Rechts und links standen zwei Pylonen, vor denen Statuen des Königs aufgestellt waren. Dahinter erstreckte sich ein weiter Hof mit Säulengängen, danach das Hypostylon, ein Raum für das heilige Boot, und schließlich das eigentliche Heiligtum.

Die Verwirklichung von Bauplänen ägyptischen Ausmaßes setzt die genaue Berechnung von Form und Größe einzelner Elemente voraus; die Mathematik entwickelt sich. Die regelmäßig wiederkehrende Nilüberschwemmung führt zur Festlegung des Kalenders und anderer Meßsysteme. Die Beamten, denen Verwaltung, Handel und Militär unterstanden, brauchten eine den Erfordernissen ihres Berufes angepaßte Ausbildung. Schulen im eigentlichen Sinn kannte man nicht, doch es gab Ausbildungsstätten bei Tempeln, in denen man „Schreiber" werden konnte. Die Offiziere lernten ihr Metier in der Kaserne der Streitwagenkämpfer. Die intellektuelle Elite bereitete man im „Lebenshaus" auf ihre Rolle vor.

Obwohl die Schreibutensilien ziemlich primitiv anmuten (man schrieb mit Binse und Tusche oder Steinmeißel auf Papyrus, Tonscherben, Holz, Stein); obwohl das Schriftsystem unbeholfen-kompliziert war (auch sche-

**Klagefrauen
bei der Totenfeier**

matisierte Bilder sind nicht leicht zu „schreiben"), schufen die Ägypter eine reiche Literatur. Ob im Bereich der Geschichte (Beschreibung von Feldzügen; Biographien: Anchtifi, Bekenchon, Petosiris, Udschahorresnet) oder des Totenkultes (Pyramidentexte aus dem Alten Reich, Sargtexte aus dem Mittleren Reich, Bestattungsrituale), der normalen Tempelliturgie (Mythen, Hymnen, Gebete) oder der Weisheitsliteratur (Lebenslehren: Amenemhet, Amenemope, Anii, Cheti, Ipuwer, Imhotep, Merikare; Gespräche eines Lebensmüden mit seinem Ba), der Lieder und Gesänge (Antef-Lieder, Sprüche der großen Herzensfreude) oder der Märchen und Fabeln (Das Brüdermärchen; Der Schiffbrüchige; Hirtengeschichte; Der Krieg der Katzen und Mäuse; Wahrheit und Lüge; Streit zwischen Kopf und Leib) – überall spürt man die Fähigkeit zur beschreibenden Analyse der Welt als solcher, den Drang nach der Erklärung des Prinzips „Leben". Trotz ihrer grundsätzlichen und ausgeprägten Neigung zum Konservativen waren die Ägypter insofern „modern", als sie die Pluralität der Antworten für die beste Antwort hielten.

Götter und Kulte: Eine Überlebensfrage

Gelegentlich spricht oder schreibt man über „die ägyptische Religion" und erweckt den Eindruck, als habe es die eine ägyptische Religion je gegeben. Redlicherweise können wir nur von Religionen in Ägypten sprechen; denn die verschiedenen Heiligtümer hatten ihre eigenen, von anderen unabhängigen oder zu anderen in direktem Widerspruch stehenden theologischen Systeme. Die wiederholten Versuche, das Land auch religiös zu einen, scheiterten im großen und ganzen: Heliopolis wurde nicht Dendera, Bubastis nicht Esna, Sais nicht Hermonthis. Eine detaillierte und differenzierte Darstellung des Sachverhalts würde mehr Raum erfordern als uns im Rahmen dieses Buchs zur Verfügung steht. Doch sollen im folgenden die Hauptmotive charakterisiert werden.

Das Göttliche hatte in Ägypten viele Namen und viele Gestalten; dies gilt für die äußere Gestalt wie auch für das Wesen. Meist stellte man sich einen Gott in Gestalt eines Tieres vor: Horus war Falke oder ein Mann mit dem Kopf eines Falken; Anubis Schakal oder Hund, Hathor war Kuh oder eine Frau mit Kuhhörnern und der Sonnenscheibe zwischen ihnen. Auch Dinge, wie etwa der Stein Benben in Heliopolis, oder Menschen (wie etwa der König) galten als Götter. Die Darstellung in Tier- oder Mensch-Tier-Gestalt sollte eine besondere Eigenschaft betonen, die dem Tier zugeschrieben wurde (Löwe als Kraft usw.); sie hat keinerlei Beziehung zu einem Totem: die ägyptische Gesellschaft kennt ja keine Stammes- oder Sippenstruktur. Die Figur der Gottheit wandelt sich von Ort zu Ort, von Jahrhundert zu Jahrhundert. Man identifizierte verschiedene Götter miteinander, schrieb ihnen unterschiedliche Eigenschaften und Funktionen zu, trennte sie wieder, versuchte kleinere und größere Gebiete umfassende Systematisierungen.

Götter in Tiergestalt

49

links: Ein Schreiber vor
dem Symboltier des
Schreibergottes Tot

rechts: Der blinde Harfen-
spieler (14. Jh. v. Chr.): Er
singt ein Lied (der Text ist
an die Wand geschrieben)
bei einer Totenfeier

Die Theologen in Hermopolis glaubten, die Welt verdanke ihren Ursprung vier Götterpaaren (unter dem Namen Ogdoas = die Achtheit, bekannt). In Heliopolis wurden neun Götter (bekannt als Enneas = die Neunheit) verehrt. Solche Systematisierung tat not, war aber nicht nach aller Geschmack. Jeder Gott verteidigte seine Stellung als Gott eines bestimmten Ortes und bequemte sich selten, seinen angestammten Platz einer theologischen Konstruktion zuliebe aufzugeben, seiner Auflösung in einen umfassenderen Gottesbegriff zuzustimmen. Es wäre zu einfach, hier von monotheisierenden Tendenzen zu sprechen; andererseits läßt sich nicht beweisen, daß ein Ortsgott nicht als eine Lokalhypostase der einen Gottheit angesehen wurde.

Wir verzichten auf den untauglichen Versuch, die Lokal- von den Universalgottheiten zu trennen oder unter den letzteren zwischen himmlischen, irdischen und unterirdischen Gottheiten zu unterscheiden und beschränken uns auf eine knappe Liste wichtiger ägyptischer Gottheiten nach ihrer geographischen Zuständigkeit, beginnend beim Ersten Katarakt:

**Götter
und ihre Heiligtümer**

Elephantine: Chnum, der den Menschen auf der Töpferscheibe bildet und die Quellen des Nil hütet. Sein heiliges Tier ist der Widder. Auch die Göttinnen Anukis und Satis werden hier verehrt.
Edfu: Horus, der Sonnengott, mit seinem heiligen Tier, dem Falken.
Elkab: Horus, der Falke, und die Geiergöttin Nechbet.
Theben: Ursprünglich Kultzentrum des Gottes Montu (Falke), später des Amon, der mit dem Sonnengott als Amon-Re identifiziert wird. Darge-

stellt als Mann mit der Federkrone; seine heiligen Tiere sind Widder und Gans.

Koptos: Gott Min, dargestellt als ithyphallischer Mann mit einer Geißel in der rechten Hand (wahrscheinlich ursprünglich ein Fruchtbarkeitsfetisch). Die Griechen identifizieren ihn mit Pan oder Priapos.

Dendera: Die Himmelsgöttin Hathor; kuhgestaltig; Gattin des Horus.

Abydos: Totengott Chenti-imentiu, dargestellt als Hund; er wird hier gegen Ende des Alten Reiches mit dem Totengott Osiris identifiziert.

Achmim: Wie in Koptos der ithyphallische Min, sein Zeichen ist die Doppelharpune.

Hermopolis: Tot, der Gott des Wissens, Schreibens und des Beamtentums, der Zauberer. Zuerst wird er in Ibis-, später in Paviangestalt dargestellt. Der Ort spielt in verschiedenen Mythen eine wichtige Rolle, er ist der Sitz der „Ogdoas von Hermopolis".

Kynopolis: Gott Anubis („Kind"), dargestellt als Hund oder als Mensch mit einem Hundekopf, Beschützer der Toten; er führt die Verstorbenen vor das Gericht.

Herakleopolis magna: Harsafes mit dem Widderkopf, wahrscheinlich ein Schöpfergott.

Krokodilopolis: Suchos, Gott-Krokodil, Herr der Fische, mit Zügen des Re und des Chonsu (Mondgott). Um den Krokodilschrecken zu besänftigen, geben ihm die listigen Ägypter den Beinamen: „Der mit dem freundlichen Gesicht".

„Thronender Osiris",
Relief aus dem Grab des
königlichen Beamten
Amenhotep
(um 1400 v. Chr.):
„Getilgt sei das Unrecht!
Ihm werde das Gerechte
zuteil!"

Die Göttin Isis nährt den Pharao

Memfis: Hauptgott ist Ptah, Protektor des Handwerks und der Kunst, Schöpfer der Welt. Dargestellt als Mann mit kahlem Kopf und einem Stock in der Hand. Sein heiliges Tier ist der Stier Apis. Zusammen mit seiner Gemahlin Sechmet (mit Löwenkopf) und seinem Sohn Nefertum bildet er eine heilige Triade.

Heliopolis: Kultzentrum des Gottes Re; ein Sonnengott, der in Falkengestalt oder als Mensch mit Falkenkopf dargestellt wird. Tagsüber fährt er auf der Morgenbarke durch den Himmel, dann steigt er in die Abendbarke um und kehrt während der Nacht durch die Unterwelt zu seinem morgendlichen Aufgangspunkt zurück. Später identifiziert man nur mehr die Morgensonne mit Re, die Abendsonne mit Atum. Mit seinem Kult verbindet sich der Obelisk, der Urhügel und Ausgangspunkt der Morgensonne; ebenso der heilige Käfer, bekannt unter dem Namen Skarabäus, der das Weiterleben im Jenseits symbolisiert. Eine andere Überlieferung kennt Re als Gestirn, das allmorgendlich von der Göttin Nut geboren und am Abend von ihr verschluckt wird. Sie wird als Kuh dargestellt oder als Frau, die sich auf Finger und Zehen gestützt über die Erde wölbt. Die Theologen verehren hier die „Enneas von Heliopolis".

Letopolis: Hier wird zuerst ein Jägergott verehrt, später Onuris, der seinem „sehenden und blinden" Vater die Sonne – das Auge – zurückbringt; nachträglich identifiziert man ihn mit dem Luftgott Schu. Er wird als Mensch dargestellt, mit einem Kopfschmuck aus Federn und der Lanze in seiner rechten Hand. Die Griechen identifizieren ihn mit dem Kriegsgott Ares.

Sais: Pfeilgöttin Neit, „die Schreckliche", Schutzgöttin des Königs wie auch der Toten; die einzige Schöpfer-Göttin; Beschützerin der Weberei.

Buto: Schlangengöttin Uto, unter dem Zeichen des Sonnenauges; als Uräus schmückt sie die königliche Krone.

Busiris (= Abusir): Stätte des Hirtengottes Anedschti und Geburtsort des Totengottes Osiris. Hier findet die kultische Trauer um den Tod des Gottes statt; hier werden die „roten" (also nichtägyptischen) Menschen Osiris geopfert. Er wird als Mensch mit einem Hirtenstab dargestellt.

Iseum (= Behbet el-Hagar): Zentrum der Göttin Isis (der Name bedeutet „Thron"). Sie wird als sitzende Frau dargestellt; auf ihrem Schoß das Kind Horus, den Osiris nach seinem Tod mit ihr zeugte. Oftmals wird sie der Hathor gleichgesetzt. In späterer Zeit erlangt sie eine alle anderen Götter überragende Stellung; sie wird auch in Syrien, Griechenland und Italien bekannt.

Bubastis: Bastet, Göttin der Liebe, wird zunächst in der Gestalt der Löwin, dann der Katze verehrt. Die Griechen identifizieren sie mit Artemis.

Tanis: Zentrum des Sethkultes, der zuerst als Fabeltier (vielleicht als Okapi), später als Esel dargestellt wurde. Eine schillernde Götterfigur, die unterschiedlich verstanden wurde: als Königsgott oder Wüstengott, als

Mörder des Osiris oder Beschützer der Sonnenbarke vor den Angriffen der Apofisschlange, als Baal oder Zauberer.

Die Liste macht deutlich, daß sich die Funktionen der ägyptischen Götter selten klar abgrenzen lassen. Wir wissen auch nicht genau, wie sich die Ägypter die Erschaffung von Gott und Mensch vorstellen. Die drei wichtigsten Kosmogonien setzen jeweils die ewige Existenz des Chaos, des Urozeans, voraus: In Heliopolis gilt die Sonne als Schöpfer, in Memfis Ptah und in Hermopolis die Achtheit (Ogdoas). Jede dieser Kosmogonien bringt ihre eigenen Texte hervor.

Ein Beispiel memfitischer Theologie ist uns auf den Fragmenten der sog. Schabakastele (heute im Britischen Museum) überliefert. Die Stele entstand um 700 v. Chr., doch der Text scheint aus der Zeit des Alten Reiches zu stammen: Ein Loblied auf Ptah, den Urgott, von dem alles und alle herkommen. Als Tatenen, der Gott aus dem Urhügel, hat er alles erschaffen und bestimmt. Durch sein Denken (= Herz) und Wort (= Zunge) rief er alle Wesen ins Sein. Herz und Zunge, Gedanke und Wort – Gabe des Gottes an alle Lebendigen.

Schöpfungstheologien

Es hat die Gestalt des Herzens, Abbild Atums,
es hat die Gestalt der Zunge, Abbild Atums:
Ptah ist es, der mächtige,
der das Leben aller Götter und ihrer Ka bestimmte
durch dieses Herz und diese Zunge,
durch die Horus zu Ptah wurde,
durch die Tot zu Ptah wurde.
So haben das Herz und Zunge Macht
über alle Glieder des Leibs,
denn das Herz ist in jedem Leib,
denn die Zunge ist in jedem Mund:
im Mund aller Götter, aller Menschen,
aller Tiere, aller Kriechtiere,
jedes lebenden Wesens
alles bedenkend, alles befehlend
nach ihrem Beschluß . . .
Was die Augen sehen,
was die Ohren hören,
was die Nase riecht –
      das geht ins Herz.
Aus ihm kommt jede Erkenntnis;
die Zunge verkündet, was das Herz erkannte.
So erhielten alle Götter Gestalt und
ihre Neunheit wurde vollendet.
Jedes Wort des Gottes kam ins Sein
durch das, was das Herz dachte und die Zunge befahl.
So wurden die Ka und die Hemsut gemacht.

Ka vgl. S. 55

Hemsut: das weibliche Lebensprinzip

Dank diesem Wort sorgen sie für alles, was nötig ist
für den, der tut, was richtig ist,
aber auch für den, der tut, was unrichtig ist:
das Leben für den Friedfertigen,
der Tod für den Sündigen.
So wurde jedes Tun und Schaffen gemacht:
die Tätigkeit der Hände,
die Bewegungen der Füße,
die Aufgaben aller Glieder
entsprechend dem Befehl, den das Herz erdachte,
entsprechend dem, was die Zunge sagte:
nach dem Sinn jeder Sache.
Darum nennt man Ptah:
Derjenige, der alles gemacht hat
und die Götter ins Sein setzte.
Denn er ist wirklich der Tatenen,
der die Götter schuf,
aus dem alles hervorging:
die Fülle des Nötigen,
die Göttergaben,
alle guten Dinge.
Es fand sich also, daß seine Macht die der anderen Götter übersteigt.
Ptah war zufrieden, nachdem er alles geschaffen hatte.

Tatenen vgl. S. 53

In einem Text, der wohl aus Theben stammt (19. Dynastie), wird erzählt, daß die Göttin Isis den Gott Re nach seinem Namen fragt. Re antwortet mit einer Aufzählung seiner Werke:

Ich bin derjenige, der Himmel und Erde gemacht hat,
der die Berge verknüpfte,
der erschuf, was darauf ist.
Ich bin derjenige, der die Wasser gemacht hat,
damit die Himmelskuh entstehe.
Ich bin derjenige, der den Himmel und die Geheimnisse
der beiden Horizonte gemacht hat,
damit die Ba der Götter darin wohnen.
Ich bin derjenige, der die Augen der Sonne öffnete,
damit das Licht entstehe;
derjenige, der die Augen der Sonne schloß,
damit die Finsternis entstehe,
auf dessen Befehl hin der Nil fließt,
dessen Namen die Götter nicht erfuhren.
Ich bin derjenige, der das Neujahr gemacht
und den Wasserstrom erschaffen hat.
Ich bin derjenige, der das Feuer gemacht hat,
damit das Bauwerk entstehe.
Ich bin am Morgen Chepri, am Mittag Re
und Atum am Abend.

Ba vgl. S. 55

54

Die Welt der Götter besteht nicht für sich selbst, sie ist dem Menschen geöffnet; auf sie hin sucht er sich als Gemeinschaft wie als einzelner selbst zu verstehen. Der Gott/König steht der Volksgemeinschaft gegenüber. Das Volk als Ganzes, nicht der einzelne, trägt den Sinn allen Lebens. Doch nicht das Volk, der einzelne stirbt und geht ins Jenseits. Ein Widerspruch, für den die Ägypter, wenngleich sie es versuchten, keine Lösung fanden. Ihr Jenseits hat nur Raum für die Gemeinde der Gerechten: Ein Mensch, dessen Herz vom Gott Osiris nicht als gerecht befunden wird, stirbt endgültig. Die anderen dagegen werden so viele Osirisse, wie es Ka (das Element, das das Leben eines Menschen bestimmt) und Ba (das Element, das die Erscheinungsform eines Gottes oder eines Menschen bestimmt; „Seele") gibt. Sie leben im „Westen" oder im „Jenseits" und brauchen für dieses Leben dasselbe, was sie auf der Erde brauchten. Darum die vielen Grabbeigaben, darum die Mumifizierung der Körper – denn den Leib brauchte man nach dem Tod. Auch für Bedienung war gesorgt: kleine Figürchen, genannt „Uschebti", wurden mit dem Namen und allen Titeln des Verstorbenen versehen, mit Arbeitsgerät wie Hacke oder Korb ausgestattet.

Leben über den Tod hinaus

Wieviel das Herz bei Osiris' Gericht wog, ob die Maat, die (positive oder negative) objektive Wahrheit, die Waagschale nach unten zu drücken vermochte, das glaubte man abhängig vom ethischen Verhalten des Menschen. Es hat den Anschein, als ob die Ägypter keine Liste von Geboten und Verboten – wie etwa der biblische Dekalog – gekannt hätten. Doch von dem „was sich nicht gehört" hatte man genaue Vorstellungen. In mehreren Texten des sog. „negativen Sündenbekenntnisses" findet sich eine Zusammenstellung des „Nichtgetanen". Der Tote beteuert vor dem Gericht:

Rechtfertigung im Gericht

> Ich habe keine Freveltat an Menschen verübt.
> Ich habe die Wesen (Tiere und Pflanzen) nicht mißhandelt . . .
> Ich habe Gott nicht gelästert.
> Ich habe nichts einem Armen weggenommen.
> Ich habe nichts für Götter Abscheuliches getan.
> Ich habe keinem Sklaven bei seinem Herrn schlechten Dienst erwiesen.
> Ich habe niemand krankgemacht.
> Ich habe niemand ausgehungert.
> Ich habe niemand weinen gemacht.
> Ich habe niemand getötet.
> Ich habe nicht befohlen, jemand zu töten.
> Ich habe niemand Schmerz zugefügt.
> Ich habe die Tempelspeisen nicht gemindert.
> Ich habe die Götterbrote nicht verdorben.
> Ich habe den Hingeschiedenen die Opferfladen nicht weggenommen.
> Ich habe mit keinem Knaben geschlafen.
> Ich habe mich nicht selbst befleckt.
> Ich bin vom Scheffelmaß nicht abgewichen.
> Ich habe das Ackermaß nicht gemindert.

55

Ich habe beim Ackermaß nicht betrogen.
Ich habe das Gewicht der Waage nicht manipuliert.
Ich habe das Lot der Waage nicht gefälscht.
Ich habe dem Kindermund die Milch nicht vorenthalten.
Ich habe das Kleinvieh nicht seines Weideplatzes beraubt.
Ich habe den Vögeln der Götter keine Schlingen gelegt.
Ich habe in ihren Gewässern keine Fische gefischt.
Ich habe das Hochwasser nicht abgeleitet.
Ich habe den Wasserfluß nicht durch einen Damm verhindert.
Ich habe nicht zu Unzeit das Feuer gelöscht.
Ich habe die Fleischopfer an vorgeschriebenen Tagen nicht vernachlässigt.
Ich habe das Vieh von der Gottesweide nicht weggetrieben.
Ich bin einem Gott bei der Prozession nicht entgegengetreten.
Ich bin rein! Ich bin rein! Ich bin rein!

In solchen Aufzählungen erschließt sich die Seele des Ägypters, seine Auffassung vom Sinn der irdischen Existenz. Ethik, Kult und Magie sind unentwirrbar miteinander verknüpft: Recht leben heißt den Göttern dienen und auch den Verstorbenen. Denn die letzteren konnten ja in ihrem Ba – als Vogel mit Menschenkopf oder als Schmetterling – auf der Erde erscheinen, etwa wenn die Verwandten sie im Jenseits nicht entsprechend ihren Bedürfnissen versorgten.

Ba vgl. S. 55

Ein Anubispriester bei Vorbereitung einer Mumie

Ursprünglich gehörte der Dienst der Götter ausschließlich zu den Aufgaben des Königs. Re sagte einmal zu den anderen Göttern:

> (Die Könige) werden eure Tempel bauen, sie werden eure Opfertische reichlich versorgen, die Tische für eure Trankopfer freigebig bestücken, die Opfergaben für euch vermehren.

Später übernahmen die Priester diese Aufgaben. Im Namen des Herrschers versahen sie den Gottesdienst. Ehe sie ihre Pflichten zu vorgeschriebenen Tageszeiten wahrnahmen, mußten sie kultisch rein sein (das dreimalige Baden am Tag war vorgeschrieben). Hauptsächlich kam es darauf an, die Statue der Gottheit so zu bedienen, als wäre sie der lebendige Herr: Er mußte geweckt, gewaschen, bekleidet und gespeist werden. Alles war bis ins kleinste Detail geregelt. Vier Ordnungen von Hilfspriestern versahen je drei Monate jährlich den Gottesdienst. Bei ihrer Ablösung wurde z. B. die Übergabe und Übernahme des Tempelinventars genau protokolliert. Unter der 12. Dynastie schreiben die Anubispriester folgendes ins Protokoll:

> Bericht der vierten Dienstordnung der Hilfspriester dieses Tempels beim Abschied vom Monatsdienst.
> Sie erklären folgendes: Dein ganzes Hab und Gut ist unversehrt und in gutem Zustand. Wir übergeben die ganze Ausstattung des Tempels und das ganze Eigentum des Tempels unversehrt und in gutem Zustand der ersten Dienstordnung der Hilfspriester dieses Tempels, die in diesem Monat den Dienst antreten.
> Bericht der ersten Dienstordnung der Hilfspriester dieses Tempels, die in diesem Monat den Dienst antreten.
> Sie erklären folgendes: Dein ganzes Hab und Gut ist unversehrt und in gutem Zustand. Wir haben die ganze Ausstattung des Tempels und das ganze Eigentum des Tempels unversehrt und in gutem Zustand übernommen von der vierten Dienstordnung der Hilfspriester dieses Tempels bei ihrem Abschied vom Monatsdienst. Der Tempel ist glücklicherweise ganz in Ordnung.

Ägypten und die Bibel

Ägypten, südlicher Nachbar des davidisch-salomonischen Reiches und des Staates Juda, Jahrhunderte lang Herr über Kanaan, hinterließ deutliche Spuren in der Geschichte und im Denken Israels. Wieviele Einzelheiten etwa in der Geschichte des „ägyptischen Josef" oder in den Berichten vom Auszug aus Ägypten (unter Ramses II.?) tatsächlich auf historische Erinnerungen zurückgehen, läßt sich heute nicht mehr eruieren. Wir wissen nicht, welcher Pharao (einige meinen: Psusennes II.) Salomos Schwiegervater wurde und können nicht sagen, auf wessen Hilfe König Hiskija hoffte (vielleicht Schabaka?). Wir wissen nicht, ob die Häresie Echnatons den biblischen Monotheismus förderte. Doch im politischen Geschehen, im

Handel, im Schulwesen und in der Literatur lassen sich klare Berührungen und Überschneidungen feststellen. Es gab in Israel pro- und antiägyptische Propheten und Könige, ägyptische oder ägyptisch beeinflußte Lehrer, die auf bewährte ägyptische Weisheiten zurückgreifen: Spr 22,17 – 23,12 kann die Abhängigkeit von der „Weisheit des Amenemope", Spr 23,13 f die von der „Weisheit des Achikar" nicht leugnen. In der Organisation des Staates und der Industrie richtete man sich lange Zeit eher nach dem ägyptischen als nach dem mesopotamischen Vorbild; im Rechtswesen war es umgekehrt. Schließlich wäre in diesem Zusammenhang noch einmal zu fragen, in welcher Beziehung die Vorfahren Israels zu den Hyksos stehen und was die ʿApiru/Habiru mit den Hebräern zu tun haben – Probleme, die immer noch nicht gänzlich gelöst sind.

Wichtigere Bibelstellen über Ägypten

Konkordanz

Gen 12,10 – 13,1; 13,10; 15,18; 21,21; 26,2; 39,1 – 50,26; Ex 1,1 – 14,31; 2 Kön 18,21–24; Tob 8,3; Jdt 5,12; Ps 78,51; 81,6; 105,27–38; Jes 19,1 – 20,6; Jer 46,2–26; Ez 29,1 – 32,32; Sach 14,18 f; Mt 2,13–19; Apg 2,10; 7,9–40; 13,17; Hebr 3,16; 8,9; 11,26 f; Jud 5; Offb 11,8

Götter
Amon: Jer 46,25
Apis (Hapi): Jer 46,15 (Septuaginta)

Pharaonen
Schischak: 1 Kön 11,40; 14,25 f; 2 Chr 12,2–9
Tirhaka: 2 Kön 19,9; Jes 37,9
Necho: 2 Kön 23,29.33–35; 2 Chr 35,20–22; 2 Chr 36,3 f; Jer 46,2
Hofra: Jer 44,30 (Jer 37,5–7.11; 44,30; 47,1)
Ptolemäus VI. Philometor: 1 Makk 1,18; 10,51–58; 11,1–18; 2 Makk 9,29
Ptolemäus VIII. Euergetes: 1 Makk 15,16–21

Städte
Alexandria: Apg 18,24; 27,6; 28,11
Hanes (Herakleopolis?): Jes 30,4
Ir-Heres (Heliopolis?): Jes 19,18
Memfis: Jdt 1,10; Jes 19,13; Jer 2,16; 44,1; 46,14.19; Ez 30,13.16; Hos 9,6
Migdol: Ex 14,2; Num 33,7; Jer 44,1; 46,14; Ez 29,10; 30,6
No (Theben): Jer 46,25; Ez 30,14–16; Nah 3,8 f
On (Heliopolis): Gen 41,45.50; 46,20; Ez 30,17
Pi-Beset (Bubastis): Ez 30,17
Pitom: Ex 1,11
Ramses = Zoan = Tanis: Gen 47,11; Ex 1,11; 12,37; Num 13,22; 33,3.5; Jdt 1,9 f; Ps 78,12.43; Jes 19,11.13; 30,4; Ez 30,14
Sin: Ez 30,15 f
So (Sais): 2 Kön 17,4
Syene (Elephantine = Assuan): Ez 29,10; 30,6
Tachpanhes: Jdt 1,9; Jer 2,16; 43,7–9; 44,1; 46,14; Ez 30,18

3. Die Assyrer, Babylonier, Chaldäer

Wechselspiele der Macht: 2000–1500 v. Chr.

Stadtstaaten

Ibbisin, der letzte sumerische König, wurde um 2000 v. Chr. nach Elam verschleppt (vgl. S. 21). Danach entsteht in Südmesopotamien kein politisches Vakuum. Stadtstaaten, in denen neue Herrscher befehlen, teilen sich in die Macht. Merkwürdig ist allerdings, daß nur selten ein Elamiter Stadtkönig wird; die meisten werden von den aus dem Westen und Nordwesten kommenden Amoritern gestellt. Der Konkurrenzkampf ist vorprogrammiert. Bald macht sich Ischbierra, der König von Isin, stark. Er bringt andere Städte, darunter die bedeutenden Kultorte Nippur und Ur, unter seine Herrschaft. Seine Nachfahren organisieren den Staat, die wirtschaftliche Entwicklung und die Justiz. Lipit-Ischtar aus Isin (1932–1906) veranlaßt eine Gesetzessammlung, an deren Bestimmungen sich auch Abraham „in Sachen Sara gegen Hagar" (Gen 16,1–16; 21,1–21) hält:

Gesetze Lipit-Ischtars

> Hat ein Mann eine Frau geheiratet, sie ihm Kinder geboren, die am Leben bleiben, und hat auch eine Sklavin ihrem Herrn Kinder geboren, und hat der Vater dieser Sklavin und ihren Kindern die Freiheit geschenkt, dann teilen sich die Kinder der Sklavin nicht mit den Freigeborenen in den Besitz ihres früheren Herrn.

Die Könige von Isin mögen sich als Nachfolger der 3. Dynastie von Ur gefühlt haben, doch sie herrschen nur über einen Teil des früheren Sumer und Akkad. Larsa macht Isin den Vorrang streitig. Diesem Stadtstaat gelingt es, weite Teile Babyloniens an sich zu reißen. Doch Larsa muß Kriege führen, Rückschläge einstecken und ist auf fremde Helfer, wie den Elamiter Kudurmabug vom Staate Jamutbal, angewiesen. Sein Sohn Waradsin wird König in Larsa und stärkt die Stadt, was seinem Bruder und Nachfolger Rimsin zugute kommt. Rimsin erobert Isin und vereinigt Mittel- und Südbabylonien unter seiner Herrschaft. Die Stadt Babel mit ihrem Umland, der Stadtstaat Eschnunna, Mari am Eufrat und vor allem Assur behalten ihre Unabhängigkeit. Schließlich gewinnt nicht Assur mit seiner in die frühdynastische Zeit reichenden Tradition und seinem nach der Errichtung eines Großreichs strebenden König Schamschi-Adad I. das Rennen um die Vorherrschaft, sondern Babel. Der große Hammurabi (ein Amoriter) erringt den Sieg. Durch geschicktes politisches und militärisches Spiel – Intrige, Koali-

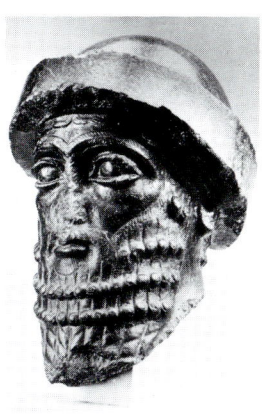

Kopf einer Statue aus Susa (18. Jh. v. Chr.): wahrscheinlich König Hammurabi

Oberteil der Stele mit dem Kodex Hammurabi, gefunden in Susa (18. Jh. v. Chr.): Der König steht vor Schamasch, dem Sonnen- und Gerechtigkeitsgott

tion, Bündnisbruch – eliminiert er einen Rivalen nach dem anderen. Nach über vierzigjähriger Herrschaft kann Hammurabi seinem Sohn Samsuiluna ein geeintes Weltreich hinterlassen, das ganz Großmesopotamien umfaßt und eine Rechtsordnung aufweist, die alte und neue juridische Mittel und Lösungen in sich einend, dem politischen und organisatorischen Zusammenhalt des Staates dient. Der sog. Kodex Hammurabi (in klassischer altbabylonischer Sprache) dokumentiert trotz seiner Vorgänger (Ur-nammu, Lipit-Ischtar, Eschnunna) die erste solide Gesetzgebung. In konsequenter Schärfe müht sie sich um soziale Ausgewogenheit. Hammurabi selbst formuliert das Anliegen im Prolog zu seinem Gesetz:

> Damals haben An und Enlil mich berufen
> um das Wohlergehen des Volkes zu bessern –
> mich, Hammurabi, den aufrichtigen, Gott-fürchtenden Fürsten –
> um im Land die Gerechtigkeit zu mehren,
> um den Ruchlosen und Bösen zu vernichten,
> damit der Mächtige den Schwachen nicht bedrückt.

Ob allerdings das Talionsprinzip, nach dem Gleiches mit Gleichem vergolten werden muß, diesem Ziel dienen kann, mag dahingestellt bleiben – zumal Hammurabis Recht ein „Klassenrecht" war:

> Wenn ein Bürger einen Zahn eines ihm gleichgestellten Bürgers ausgeschlagen hat, soll man ihm seinen Zahn ausschlagen.
> Wenn er einen Zahn eines gemeinen Mannes ausgeschlagen hat, soll er ⅓ Silbermine bezahlen.

Krise und Niedergang

Nach Hammurabis Tod ging es mit seinem Staat bergab. Nicht daß seine Nachkommen schwach gewesen wären, im Gegenteil. Doch Hammurabis Nachfolger Samsuiluna hat mit den Kassiten zu kämpfen, die aus dem Zagrosgebirge kommend – teils durch friedliches Einsickern, teils durch kriegerische Gewalt – beginnen, sich in Babylonien niederzulassen. Zeitweilig gelingt es, die Kassiten zurückzuhalten. Doch der Kräfteverlust wird andernorts spürbar: Der Süden des Landes, das sog. Meerland, fällt von der Großmacht Babylonien ab. Im früheren sumerischen Kernland bildet sich eine neue „Meerdynastie", die sich einige Jahrhunderte halten kann. Der Niedergang Babyloniens vollzieht sich auf dem Hintergrund einer neuen Völkerwanderung im Norden und Osten, an der sich u. a. die Kassiten, die Gutäer, die Hurriter und die Hetiter beteiligen. Das Ende kommt in den ersten Jahren des 16. Jahrhunderts mit dem Hetiter Murschili I. Er zieht plündernd, mordend, Feuer legend von Kleinasien den Eufrat hinab. Die Stadt Babel wird vernichtet, das Reich Babylonien zerschlagen. Damit entsteht ein Freiraum für die Eroberung Babyloniens durch die Kassiten, die allerdings nicht weniger als hundert Jahre brauchten, bis es ihnen gelang, aus Zerstörung und Anarchie einen organisierten Staat zu schaffen.

Kassiten und Hurriter

Assyrien nutzt die Situation, um sich wieder eigenstaatlich zu gebärden.

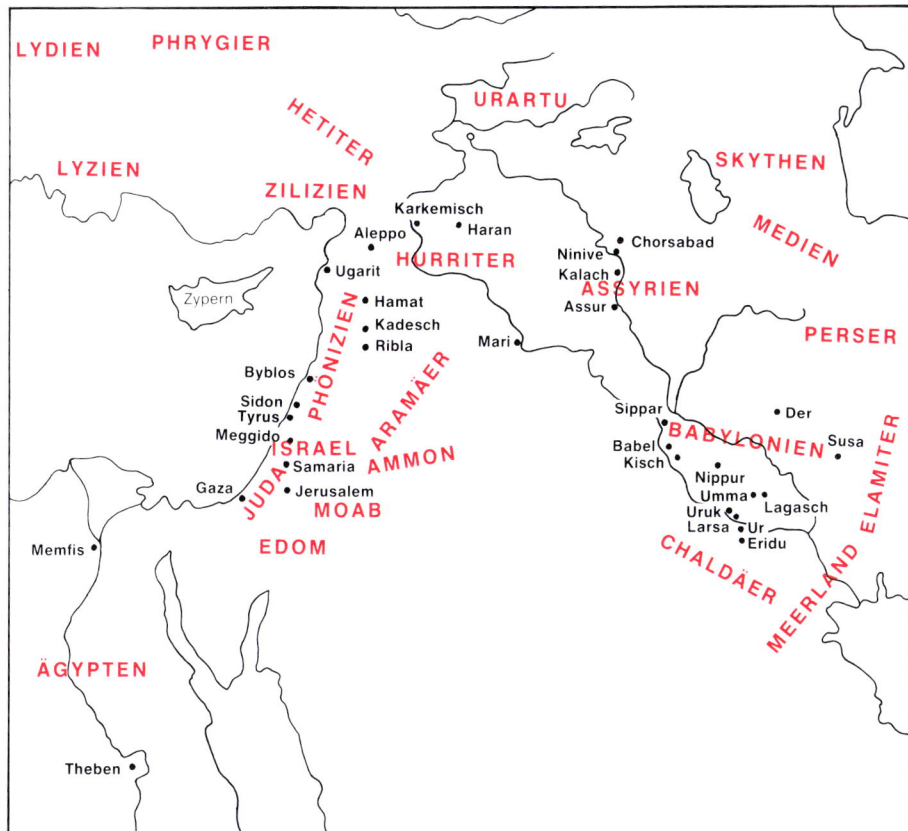

Assur, Babylonien,
Chaldäa:
„Schamasch . . .
Alles, was Ea erschuf . . .
ist dir anvertraut"

Doch es kommt vom Satellitendasein nicht los; denn nun haben die starken hurrischen Stammesverbände das Kommando übernommen. Die Kassiten herrschen im Süden, die Hurriter im Norden Mesopotamiens. Die Sieger sind den Babyloniern und Assyrern kulturell unterlegen. Aber sie bringen ihre eigene Lebensart mit und prägen die künftige geschichtliche und kulturelle Entwicklung dieser Völker unübersehbar.

Kulturelle Entwicklung vor der Kassitenzeit

In Mesopotamien finden sich wenig Rohstoffe; der Wohlstand muß sich auf Landwirtschaft, Handwerk und Handel gründen. Die Landwirtschaft jedoch (viel Staats- und Tempeleigentum) verspricht erst dann Ertrag, wenn das Bewässerungsproblem gelöst ist. Entsprechende Techniken werden entwickelt und im Zusammenhang damit die Mathematik (Dezimal- und Sexagesimalsystem), Kalender und Astronomie. Das Kanalnetz muß laufend gewartet und repariert werden – eine Arbeit, die in Privatinitiative nicht bewältigt werden kann. Dafür entstand eine ziemlich stramme Organisation, die dann vom Militär übernommen wurde. Privatleute setzen Sklaven in der Landwirtschaft ein. Der Staat und auch der Tempel – die Trennung ist

Landwirtschaft

61

so gut wie vollzogen – greifen auf Kriegsgefangene zurück. Der Städtebau ist ähnlich durchorganisiert: Paläste und Zikkurats entstehen, um die Größe ihres Stifters oder Erbauers zu beweisen. In einer Stadt wie Mari (sie wurde nach der Zerstörung durch Hammurabi nicht wieder aufgebaut) werden die Möglichkeiten damaliger Prachtentfaltung deutlich: In der langen Tradition sumerischer Kultur erbaute sich hier ein assyrischer Vizekönig eine Residenz, die später vom Mariherrscher Zimrilim übernommen wurde. Der Bau ist 200×100 m groß und hat nur einen Eingang. Die um Innenhöfe gruppierten Bauten sind nach ihrer Zweckbestimmung getrennt: staatsamtliche, religiöse, verwaltungstechnische, private Räume sind in einem je eigenen Komplex untergebracht. Die Riesenanlage wurde aus luftgetrockneten Ziegeln erbaut, sie war mit Plastiken geschmückt; doch haben sich auch einige Wandmalereien (u. a. die sog. Investitur Zimrilims) bis heute erhalten. In

diesem Palast entdeckte man über zwanzigtausend Keilschrifttafeln: Wirtschaftsurkunden, Privatbriefe, Kulttexte. Der Palast von Mari galt als Attraktion; sogar der König des fernen Ugarit an der Mittelmeerküste kündet seinen Besuch an, um ihn zu bewundern.

Aus dieser Zeit stammen die sog. kudurru: Ovale oder zylindrische Steine, die als Grenzsteinurkunde galten und die Landschenkung bzw.

Beispiel einer Wandmalerei aus dem Palast in Mari (18. Jh.)

Abgrenzung durch den König beweisen. Sie wurden im Tempel aufgestellt. Nicht selten sind Götter oder ihre Symbole auf ihnen abgebildet. Sie sollen zusammen mit einer in den Stein gemeißelten verbalen Verfluchung die Einhaltung des königlichen Willens sichern.

Die Möglichkeiten des Außenhandels waren durch die politischen Gegebenheiten mitbedingt, doch ohne Handel konnte kein mesopotamischer Staat überleben. Einzig im Bereich der landwirtschaftlichen Produktion konnte man den Eigenbedarf decken. Rohstoffe (Kupfer, Zinn) mußte man bei westlichen und östlichen Nachbarn erhandeln. Die Babylonier hatten Textilien, Felle und Öl anzubieten. So zogen große Eselkarawanen (bis zu 200 Tiere auf einmal) etwa nach Kanesch in Kleinasien, wo (bis etwa 1800 v. Chr.) eine assyrische Handelsniederlassung existierte. Sie brachten Reichtum, aber auch neue Produkte und neue Ideen mit nach Hause.

Außenhandel

Wechselspiele der Macht: 1500–1000 v. Chr.

Babylonien ist kassitisch, Assyrien ein hurriterhöriger Staat. Beide tun sich schwer. Vor allem Babylonien, denn hier müssen sich die Eroberer zunächst mit den Eroberten arrangieren. Den Kassiten gelingt es dank einer mäßigen Steuerpolitik und realistischem wirtschaftlichem Denken (auch in

Kassitische Politik

63

Bezug auf die Tempeldomänen) relativ leicht, die Gunst der Ansässigen zu gewinnen. Bald spricht man wieder von einem erstarkenden Babylonien. Ulamburiasch besiegt das Meerland und vereinigt es wieder mit dem Großstaat. Die Kassiten, Neulinge im diplomatischen Spiel, wenden wie selbstverständlich alle Raffinessen des erfahrenen Politikers an. Obwohl sie die Macht in Babylonien durch Krieg erkämpften, scheinen sie den Krieg nicht zu mögen. Sie bevorzugen persönliche Kontakte: Kurz vor 1450 v. Chr. treffen Tutmosis III. aus Ägypten und Karaindasch aus Babylonien einander am Eufrat. Kassitische Prinzessinnen gehen in den pharaonischen Harem, ständige Vertreter beim Hof („Botschafter") werden ernannt, der Handel wird angekurbelt. Auch mit Assyrien gestalten sich die Beziehungen positiv. Man heiratet einander, wehrt sich gemeinsam gegen die Angriffe der Nomaden; gemeinsam wartet man ab, was die Hetiter – jetzt voller Unternehmungslust – vorhaben. Doch als 1345 v. Chr. Kadaschman-Harbe II., Sohn einer assyrischen Prinzessin, Babyloniens Thron besteigt, schreiten babylonische Nationalisten zur Tat. Der König wird ermordet; Assyrien greift militärisch ein und bestimmt Kurigalzu II. zum Herrscher. Die Verhältnisse trüben sich. Babylonien verliert Territorien an Elam, doch noch mehr

Assyrien an der Macht

nehmen ihm die Assyrer ab. Jetzt sind sie am Zug. Adadnirari I. erobert den Norden Babyloniens, Salmanassar I. macht Mitanni zur assyrischen Provinz; er besiegt Urartu, so wie fünfzig Jahre zuvor Arikdenilu die Aramäer besiegt hatte – beides Völker, die erst jetzt in den Geschichtsquellen auftauchen. Tukulti-Ninurta I. unternimmt siegreiche Feldzüge in alle Himmelsrichtungen. Er erobert Babel und entführt die Statue des Reichsgottes Marduk – der sich damit dem Enlil von Assur unterwirft: es gibt keinen stärkeren Beweis dafür, daß Babylonien seine Staatssouveränität verloren hat. Doch das Ende seiner Herrschaft ist vom Zerfall begleitet, der nicht zuletzt auf die Völkerwanderung im Westen („Seevölker") und die Zerschla-

Zerfall

gung fast aller Staaten im östlichen Mittelmeerraum zurückgeht. In der Folgezeit ist mal Assyrien, mal Babylonien des anderen Vasall. Die Lage ändert sich auch dann nicht, als der letzte Kassite Enlilnadinachche um 1160 den Thron für die sog. 2. Dynastie von Isin – einheimische Babylonier – räumen muß. Einzelne hervorragende Gestalten wie die eines Nebukadnezzars I. in Babylonien und eines Tiglatpilesers I. nähren die Hoffnung auf ein Weiterbestehen beider Staaten. Tiglatpileser kann sich noch rühmen:

> Achtundzwanzigmal kämpfte ich gegen die Achlamu und die Aramäer, in einem Jahr habe ich den Eufrat sogar zweimal überschritten. Ich habe sie von der Stadt Tadmor im Land Amurru und der Stadt Anat im Land Sutu bis zur Stadt Rapiku im Land Babylonien überwältigt. Ihren Besitz habe ich als Kriegsbeute in meine Residenz gebracht.

Doch alle Mühe war umsonst. Gegen Ende des 2. Jahrtausends ist Mesopotamien in viele Kleinstaaten zerfallen; die Aramäer sind da. Assyrien und Babylonien sind zur Bedeutungslosigkeit verdammt.

Zeittafel

Isin:	
2015–1983	Ischbierra
1951–1933	Ischmedagan
1932–1906	Lipit-Ischtar
1825–1815	Sinmagir
1814	Damik-Ilischu
Larsa:	
2014–1994	Naplanum
1832–1821	Waradsin
1820–1761	Rimsin
Babel:	
1994–1881	Sumuabum
1812–1793	Sinmuballit
1792–1750	Hammurabi
1749–1712	Samsuiluna
1625–1594	Samsuditana
Assur:	
1880?	Scharrukin
1860?	Naramsin?
1815–1782	Schamschi-Adad I.
1781–1742	Ischmedagan I.
Babylonien:	
1500?	Agum II.
1455?	Karaindasch
1345	Kadaschman-Harbe II.
1343–1321	Kurigalzu II.
1270–1263	Kudur-Enlil I.
1176–1164	Marduk-Appal-Iddina
1162–1160	Enlilnadinachche
	2. Isin-Dynastie
1160	Marduk-Schapik-Iddina
1135	Nebukadnezzar I.
Assyrien:	
1490	Puzzur-Aschschur III.
1363–1328	Aschschur-Uballit I.
1317–1306	Arikdenilu
1305–1274	Adadnirari I.
1273–1244	Salmanassar I.
1243–1207	Tukulti-Ninurta I.
1114–1076	Tiglatpileser I.
1051–1048	Schamschi-Adad IV.
1047–1029	Aschschurnasirpal I.
1028–1017	Salmanassar II.
1016–1011	Aschschurnirari IV.

Das Assyrische Reich

Die aramäische Welle überrolte Mesopotamien. Danach entstehen mehrere Staaten, vor allem in Südbabylonien, wo die aramäischen Chaldäer in Bit-Jakini, Bit-Amukkani, Bit-Dakuri, Bit-Schaalli eigene Herrscher einsetzen. Doch es vergehen lange Jahre, bis sich auf mesopotamischem Boden wieder eine Großmacht erhebt. Noch einmal heißt sie: Assyrien.

Kriege bringen Wohlstand

Aschschurdan II. gelingt es, in seinem Schrumpfstaat eine solide Verwaltung aufzubauen. Sein Sohn Adadnirari II. kämpft gegen Süden und Westen erfolgreich. Seine Nachfolger greifen den Osten und den Norden an. Grausame, rücksichtslose, einzig dem Schwert zu verdankende Siege bringen den Assyrern den Aufstieg. Könige wie Aschschurnasirpal II. freuen sich, wenn sie berichten können: „ich ließ keinen am Leben“. Die Methode wirkt, zumal im assyrischen Stammland „Frieden und Freude“ verbreitet werden – Zuckerbrot und Peitsche. Die Kriegsbeute und die Tributzahlungen bringen den Assyrern Wohlstand. In Kelach (Nimrod) wird eine neue Residenz angelegt und mit „Pracht bekleidet“. Alabasterplatten mit Reliefs bedecken die Wände, große Statuen der Schutzdämonen Lamassu – geflügelte Löwen und Stiere, mit Menschenkopf – flankieren den Eingang. Der Palast des Königs muß ja des Staates würdig sein, der sich jetzt von den medischen Gebieten im Osten bis zum Mittelmeer erstreckt. Salman-

Salmanassar III.: Tributherr Israels

**Tiglatpileser III.:
Der Krieger**

**Salmanassar V.:
Der Bezwinger
des Nordreichs Israel**

assar III. steht seinem Vater in nichts nach. Selbstverständlich kämpft er auch gegen babylonische Staaten, doch sein Hauptinteresse gilt dem Westen, wo die Aramäer stets für Unruhe sorgen.

In meinem ersten Regierungsjahr überquerte ich den Eufrat zur Zeit der Überschwemmung. Ich zog bis zum Westmeer. Im Meer habe ich meine Waffen gewaschen. Meinen Göttern habe ich Schafopfer dargebracht. Ich stieg auf den Berg Amanus, fällte Zedern und Tannen. Ich stieg auf den Berg Lallare und errichtete dort eine Stele mit meinem Bildnis als König.

Salmanassar III. ist der erste assyrische Herrscher, der direkt mit Israel zu tun hat: 854 v. Chr. kämpft König Ahab als Verbündeter der Aramäer gegen ihn; 840 zahlt ihm Jehu Tribut. Nicht nur seine militärischen Leistungen, auch seine Bauten in Assur, Kelach und in seiner Residenz Ninive sind der Erwähnung wert. Die letzten Regierungsjahre Salmanassars III. sind durch dynastische Kämpfe getrübt. Schamschi-Adad V. geht als Sieger aus dem Thronfolgestreit hervor; er verteidigt den Zusammenhalt seines Staates mit aller Kraft. Einer seiner Nachfolger, Adadnirari III. (ein Sohn der Sammuramat, der Semiramis der griechischen Sage) erreicht die Versöhnung mit dem südlichen Nachbarn. Ihm liegt zwar am friedlichen Dasein, doch jede unterlassene Tributzahlung bestraft er mit Krieg. Nach seinem Tod folgen einige Jahrzehnte schwerer innerer Krise, bis 745 v. Chr. Tiglatpileser III. den Thron besteigt. Er führte fast ununterbrochen Krieg; denn er konnte seine Vasallen nur durch entschlossene Brutalität im Zaum halten. Zwei markante Daten aus seinem Leben: Er herrschte über Assur und gleichzeitig über Babylonien; ihn bat König Ahas von Juda im Jahr 733 v. Chr. um Hilfe gegen Pekach von Israel; Israel verlor dabei Nordgaliläa.

Man weiß nicht genau, ob die tiefgreifende Reorganisation des Staatsapparats und die Gebietsreform, die Tiglatpileser III. anordnete, Ursache oder Wirkung für die andauernden Unruhen in allen Grenzgebieten waren. Wollte er die Einheit zu rasch zementieren? Nicht nur die Rebellion im palästinisch-aramäischen Raum, auch Babylonien macht ihm viel Sorgen. Dort wollen die Chaldäer nun ebenfalls einen Großstaat in eigener Regie organisieren. Die Geschichte des Marduk-Appal-Iddina (des Merodach-Baladan von 2 Kön 20,12–21), eines hartnäckigen Intriganten aus Bit-Jakini, der 721 v. Chr. König Babyloniens wurde, schildert das taktische Muster: An irgendeinem entfernten Ort wird ein Unruheherd geschürt. Dann wartet man ab, bis die assyrische Armee abmarschiert und dann rebelliert man. Im Jahr 729 v. Chr. gelang es Tilglatpileser III. Babylonien seinem Reich zuzuschlagen. Dann war wieder ein Krieg im Westen fällig, wo die Ägypter, durch die wachsende Macht Assyriens beunruhigt, gegenzusteuern beginnen. Sein Sohn und Nachfolger Salmanassar V. räumt im Westen gründlich auf. Er schlägt in Palästina-Syrien Aufstände nieder und zerbricht Koalitio-

nen. Im Jahr 722 v. Chr. erobert er Samaria und beendet damit die politische Existenz des israelischen Nordreichs. Die sog. Oberschicht – nicht die ganze Bevölkerung – wird nach Osten, in die Provinz Guzana und nach Nordmedien deportiert. Die Städte Samariens sind jetzt von Leuten „aus Babel, Kuta, Awa, Hamat und Sefarwajim" (2 Kön 17,24) bevölkert.

Salmanassars V. Nachfolger Sargon II. will diesen Sieg für sich in Anspruch nehmen; doch er leistet dann tatsächlich Großes. Zunächst bringt er die „assyrische Ordnung" nach Westen, wo Assyrien jetzt direkt an Ägypten grenzt; dann nach Kleinasien, Syrien, Urartu, Medien. Danach hat er Zeit für die Abrechnung mit Babylonien. Sargon II. setzt den Chaldäer Merodach-Baladan II. ab und vereinigt Babylonien noch einmal mit Assyrien. Doch seine Siege im Westen gelten ihm mehr. In einer Inschrift an einem Portal vor dem Eingang zu seiner Residenzstadt Dur-Scharrukin (heute Chorsabad) rühmt er sich als

> Eroberer Samariens und ganz Israels, der Aschdod und Schinuchti erbeutete, der die Griechen fing wie Fische im Meer, der Kaschku vernichtete, ganz Tabal und Zilizien, der Midas, den König von Muschku, zurückwarf, der Muzur in Rapihu besiegte, der Hano, den König von Gaza, als Kriegsbeute nahm, der die sieben Könige des zyprischen Landes Ja unterwarf, die im Meer sitzen, eine sieben-Tage-Reise entfernt.

Durch den Bau dieser neuen Hauptstadt gibt Sargon seiner und seines Staates Größe einen eigenen Akzent. Die Stadt hat einen quadratischen Grundriß und zwei Zentren: die Zitadelle und das Zeughaus. Der Königspalast, der ebenso wie die Zitadelle auf einer künstlich geschaffenen Terrasse erbaut wurde, sorgt für den Ruhm des Bauherrn: Wandreliefs und Fresken zeigen den Herrscher im Krieg und bei einer Audienz, bei der Jagd und bei einem Trinkgelage. Der König wollte allen imponieren und gefiel sich selbst darin:

> Der König von Nubien, der in einer unzugänglichen Gegend lebt . . . dessen Väter nie einen Boten geschickt hatten, um sich nach dem Wohlergehen meiner königlichen Ahnen zu erkundigen, er hat in der Ferne die Macht des Aschschur, des Nebo, des Marduk erfahren!

Detail aus den Bronzetoren in Imgur Enlil:
Eine Inselstadt (Tyrus? Sidon?) schickt König Salmanassar III. Tribut

Sargon II.:
„Der Eroberer Israels"

Seite 66
„Der schwarze Obelisk"
aus Kelach (9. Jh. v. Chr.):
König Salmanassar III.
berichtet seine Erfolge

Seite 68
Ein Reliefbild aus Ninive
(7. Jh. v. Chr.)

Sargon II. stirbt eines gewaltsamen Todes (Mord? Kampf gegen die Kimmerier im östlichen Kleinasien?). Sein Nachfolger Sanherib verläßt Dur-Scharrukin (Chorsabad) und zieht nach Ninive um, das jetzt ausgebaut und zur Hauptstadt wird. Sanherib scheint der Allroundman von damals gewesen zu sein. Als Architekt baut er Ninive neu; als Ingenieur verlegt er Wasserläufe und baut – lange vor den Römern – Aquädukte; als Botaniker läßt er Gärten anlegen; als Metallurg und Künstler entwickelt er eine neue Methode des Bronzestatuengießens. Aber Sanherib ist vor allem Feldherr. Er führt seine Krieger nach Palästina, wo u. a. König Hiskija von Juda im Jahr 701 v. Chr. den Chaldäern Südbabyloniens Entlastungshilfe geben will (2 Kön 18,13). Diesmal bleibt Jerusalem verschont, denn Sanherib erkennt die größere Gefahr, die ihm noch einmal von Merodach-Baladan in Babylonien droht. Er führt den Kampf gegen Babylonien, gegen Elam – im Jahr 689 v. Chr. wird Babel eingenommen und geplündert.

Sanherib stirbt ebenfalls eines gewaltsamen Todes (2 Kön 19,37). Sein Sohn Asarhaddon hat zunächst den Tod seines Vaters zu rächen. Asarhaddons Regierung steht unter günstigen Vorzeichen, denn assyrische Götter, allen voran Ischtar, geben ihm positive Orakel. Daraufhin schlagen sich die rebellierenden Armeen auf seine Seite. Ischtar behält recht; Asarhaddon hat Erfolg. Er unterwirft die Phönizier, schließt Freundschaftsbündnisse mit den Medern, erobert Ägypten bis nach Theben. Nur im Norden und Nordwesten gelingt es den Skythen und Kimmeriern – unbändig, unabhängig, ohne Staat – den Assyrern Territorium abzunehmen.

Asarhaddons Sohn Assurbanipal herrschte über einen großen Staat; der König von Babylon, sein Bruder Schamaschschumukin, stand ja unter seiner Oberhoheit. Dieses Arrangement bewährt sich einige Jahre, doch dann wird es zur Ursache gewaltiger Auseinandersetzungen in Babylonien, in deren Verlauf Babel zerstört und Elam unterworfen wird. Am Anfang hat Assurbanipal große Erfolge an der Küste des Mittelmeeres und in Ägypten; doch er kann den Abfall des Westens nicht verhindern. König Assurbanipal verdankt den Ruhm, der ihn unsterblich macht, nicht heldenhaften Kriegen oder siegreichen Feldzügen. Nicht als Krieger, als Sammler ist er in die Geschichte eingegangen. In Ninive richtet er eine Bibliothek ein; dort trägt er alle Texte, deren er habhaft werden kann, zusammen: das Enuma elisch, die Sintflut-Erzählung, das Atrahasis-Epos, das Gilgamesch-Epos, den Mythos von Nergal und Ereschkigal, die Legende von Adapa, den Mythos von Ischtars Höllenfahrt und die Ludlul („Ich will loben")-Weisheit. Die Beschäftigung mit Wissenschaft, Kultur und Literatur fasziniert Assurbanipal (die boshafte griechische Legende macht ihn zum schmählichen Sardanapal) so sehr, daß er darüber in seinen letzten Lebensjahren das politische Geschäft vernachlässigt. Diese Nachlässigkeit ist nicht der einzige Grund für den Niedergang. Auch Assurbanipals Nachfolger, denen es dank ihrer Unfähigkeit gelingt, in nur 15 Jahren das ganze Erbe zu verwirken, tragen nicht die ganze Schuld. Ihr Gegenspieler, der fähige chaldäische

**Assurbanipal:
Der Sammler**

**links: König Assurbanipal
auf seinem Prunkwagen**

**rechts: Fußbodenverzierung aus dem Palast
Assurbanipals in Ninive
(7. Jh. v. Chr.)**

General Nabopolassar, spielt die entscheidende Rolle. Schon im Todesjahr Assurbanipals läßt er sich als „König von Akkad", von Babylonien also, proklamieren. Mit Hilfe der Meder, einiger arabischer Stämme aus dem Süden und skythischer Verbände aus dem Norden gewinnt Nabopolassar die Oberhand. Im Jahr 612 v. Chr. erobert er Ninive und zerstört die Stadt. Nun hat er noch gegen den letzten assyrischen König Assuruballit II. in Haran zu kämpfen. Unverhoffterweise kommen die Ägypter den Assyrern zu Hilfe: Pharao Necho II. kämpft auf ihrer Seite; Joschija, der König von Juda, stellt sich ihm auf babylonischer Seite entgegen und bezahlt seinen Einsatz mit dem Leben (2 Kön 23,29). Im Jahr 605 v. Chr. kommt es bei Karkemisch noch einmal zur Schlacht. Pharao Necho versucht, die babylonische Expansion zu stoppen. Er verliert eine Schlacht, das assyrische Reich verliert seine Existenz. Das Neubabylonische Reich ist entstanden.

Der Aufstand Nabopolassars

Schlacht bei Megiddo

Schlacht bei Karkemisch

Das Neubabylonische Reich der Chaldäer

Nebukadnezzar

Kronprinz Nebukadnezzar gewinnt die Schlacht bei Karkemisch; noch im selben Jahr wird er König. Im Osten und Norden beschränken sich seine Aktivitäten auf die Pflege gutnachbarlicher Beziehungen zu den Medern, die jetzt über ein dem neubabylonischen gleichzustellendes Reich herrschen. Nebukadnezzar braucht all seine Kraft, um im Westen Herr zu werden und zu bleiben. Die Phönizier, Aramäer, Juden, Philister, Ägypter sind allsamt starke und entschlossene Gegner. Doch Nebukadnezzar

Reliefbild aus dem Palast Assurbanipals in Ninive (7. Jh. v. Chr.)

besitzt dieselben Eigenschaften. Systematisch säubert er den Westen seines Reichs vom ägyptischen Einfluß. Im Jahr 601 sucht er die Entscheidung. Doch Pharao Necho II. läßt sich diesmal nicht bezwingen, der Kampf endet unentschieden. Die Großen brauchen Zeit, um ihre Wunden zu heilen, die Kleinen wittern eine Chance zum Aufbegehren. Aber Nebukadnezzar gibt nicht nach. Der Aufstand, den Juda im Jahre 597 unter Jojakim versucht, wird niedergeschlagen. Und der letzte judäische Aufstand unter Zidkija endet nach einer zweijährigen Belagerung mit der totalen Zerstörung Jerusalems (586 v. Chr.). Viele werden nach Babylonien zwangsumgesiedelt; das judäische Reich ist am Ende. Andere konnten länger widerstehen; Tyrus etwa hält einer 13jährigen Belagerung stand. Doch danach kehrt Ruhe in Nebukadnezzars Reich ein. Nun kann er eine rege Bautätigkeit entfalten: neue Tempel und Heiligtümer entstehen, die alten werden restauriert; Städte erhalten Prunkpaläste, die Landwirtschaft „moderne" Bewässerungsanlagen. Auch die Hauptstadt Babel wird – auf einer Fläche von über 400 ha! – wieder aufgebaut.

Zerstörung Jerusalems

Doch die Ruhe trog. Die Nachfolger Nebukadnezzars konnten sich nicht auf dem Thron halten. Erst Nabonid, dem letzten der neubabylonischen Könige, ist wieder eine längere Regierungszeit beschieden (556–539 v. Chr.). Dieser, in mehr als einer Hinsicht bemerkenswerte König, hält sich an den Mondgott Sin von Haran und bekommt Schwierigkeiten mit der Priesterschaft des Marduk in seiner eigenen Hauptstadt Babel. Ob er aus diesem, oder aus anderen Gründen für mehrere Jahre nach Arabien ging (Hauptaufenthaltsort Tema) läßt sich letztlich nicht mehr klären. Unklar bleibt auch, ob er an einer psychischen Krankheit litt (Dan 4,31 deutet das an, verwechselt aber Nabonid mit Nebukadnezzar). Sein Sohn Belschazzar herrscht in seinem Namen in Babylonien. Derselbe, dem Daniel das „Mene mene tekel u-parsin" (Dan 5,25) deutet.

Nabonid

Der Perserkönig Kyrus macht dem chaldäischen Staat ein Ende. Im Jahr 539 erobert er die Hauptstadt Babel und integriert ihr Herrschaftsgebiet seinem Großreich.

Tonzylinder mit einer Beschreibung der Eroberung Babels durch Kyrus den Großen 539 v. Chr.

Zeittafel

	Assyrien			
1010–970	Aschschurrabi II.		705–681	Sanherib
969–965	Aschschurreschischi II.		681–669	Asarhaddon
964–933	Tiglatpileser II.		669–627	Assurbanipal
932–910	Aschschurdan II.		668–648	Schamaschschumukin
910–889	Adadnirari II.			(in Babylonien)
889–884	Tukulti-Ninurta II.			
883–859	Aschschurnasirpal II.			**Neubabylonisches Reich**
859–824	Salmanassar III.		625–605	Nabopolassar
824–810	Schamschi-Adad V.		605–562	Nebukadnezzar
810–782	Adadnirari III.		562–560	Amel-Marduk
745–727	Tiglatpileser III.			(Ewil-Merodach)
727–722	Salmanassar V.		560–556	Nergalscharusur
722–705	Sargon II.		556–539	Nabonid
721–710	Marduk-Apal-Iddina		539	Eroberung Babyloniens
	(Merodach-Baladan;			durch Kyrus
	in Babylonien)			

Auf Erden, um den Göttern zu dienen

Religion

In schöpferischer Auseinandersetzung mit ihren direkten Vorgängern, den Sumerern, schufen die Babylonier – und im Parallelanschluß an sie die Assyrer – ein offenes religiöses System. Ändernd und bewahrend tradieren sie die Vorstellungen, die die Mesopotamier in der Zeit zwischen den ersten Jahrhunderten des zweiten Jahrtausends und der Mitte des ersten Jahrtausends von Gott, Welt und Mensch entwickelten. Es versteht sich von selbst, daß das städtische Denken der Sumerer nicht ohne Reibung mit dem nomadischen Denken der Amoriter und anderer verwandter semitischer Gruppen in Einklang zu bringen war. Doch die Theologen des babylonisch-assyrischen Pantheons scheuten sich nicht, Verschiedenes zu einer Einheit zusammenzufügen; sie mühten sich auch nicht allzusehr, die dabei entstehenden Brüche zu verdecken. Sie wußten wohl, daß kontrastierende Bilder inhaltlich mehr hergeben als eine saubere Spekulation. Dennoch geht es ihnen darum, ihrer Ahnung des Göttlichen klare Konturen zu geben.

Das Enuma elisch: „Als droben"

Wir haben nicht immer einen ungestörten Zugang zu den Originaltexten, denn mancher Text wurde in einen späteren Rahmen gefügt, umgearbeitet, umgedeutet und ist uns nur in dieser Form erhalten. In einigen Fällen wissen wir nicht, welchem Zweck und Anlaß ein Text ursprünglich diente. Ein so bekannter Text wie das Enuma elisch etwa wird von uns Heutigen sofort als Schöpfungsgedicht eingestuft. Andererseits wissen wir, daß gerade dieser Text (in der jetzigen Form spätestens im 12. Jh. v. Chr. entstanden) in Babel am Akitu-Fest entweder rezitiert oder bildlich dargestellt wurde, um die Größe des Reichsgotts Marduk zu mehren. Trotz der Überbetonung der Rolle Marduks vermittelt uns diese epische Dichtung einen zuverlässigen Einblick in das religiöse Denken der Babylonier.

> Als droben der Himmel noch nicht benannt war,
> als drunten die Erde Namen noch nicht hatte,
> als die Wasser des uralten Apsu, ihres Vaters,
> und der Mutter Tiamat, die sie alle gebar,
> noch vermischt waren,
> als nicht Binsen entstanden,
> nicht Schilfdickicht gesehen,
> kein Gott erschaffen war,
> kein Name genannt,
> kein Schicksal bestimmt –
> da wurden die Götter erschaffen:
> Lachmu und Lachamu erschienen,
> mit Namen wurden sie gerufen . . .

Apsu = Süßwasser
Tiamat = der Urozean

Im folgenden werden weitere Göttergenerationen aufgezählt, die auch aus anderen Quellen bekannt sind: Anschar und Kischar, Anu und Antu, Ea und Damkina, Enlil und Ninlil. Hinter dieser Schilderung steht die Vorstellung, daß „am Anfang", vor dem Entstehen der „Welt", ein Götterpaar existiert, Apsu und Tiamat, d. h. Süßwasser und Salzwasser, die noch nicht voneinander getrennt sind. Aus ihnen entsteht ein zweites Paar, Lachmu und Lachamu; der feste Boden bildet sich in Apsu und Tiamat. Das dritte Paar, Anschar und Kischar, bewirkt die Trennung zwischen Himmel und Erde; sie bringen das erste dynamische Element ins Spiel. Von nun an werden die Götter aktiv. Sie sind wie Kinder und machen einen solchen Krach, daß der verärgerte Apsu, dem seine ungestörte Ruhe wichtiger ist als das aktive Leben, beschließt, die Götter zu vernichten. Die geraten in Panik, doch der listig-überlegene Ea (der sumerische Enki) nimmt Apsu das Leben und eignet sich seine göttlichen Machtzeichen an. Dann wird er Vater von Marduk: „Ein Gott ward geboren, der fähigste und weiseste".

Marduk wird geboren

Nun komplizieren sich die Verhältnisse: Kingu wird der neue Gemahl Tiamats. Und da er die alles entscheidenden Schicksalstafeln in der Hand hält, muß es zum Kampf kommen; alt gegen neu (oder umgekehrt?). Die jungen Götter sind am Rand der Niederlage. Da schreitet der „fähigste" ein, Marduk. Doch er wäre nicht der weiseste, wenn er für seinen Einsatz keinen Preis verlangte. Er fordert nichts Geringeres als „alle Macht für Marduk!" Die Götter verzichten auf ihre Befugnisse – so wie die Volksversammlung, die ihre Befugnisse auf den König übertrug, auf sie verzichtete. Ein Grundmuster, das im Staat gilt, wird in die Welt der Götter transponiert.

Marduk besiegt Tiamat. Er spaltet ihren Leib und schafft daraus – erst jetzt – den geordneten Kosmos: den Himmel mit den Sternen und Planeten, die Erde mit ihren Flüssen. Auch die Zuständigkeiten und Rangordnungen unter den Göttern werden neu geregelt: die Igigi (die Götter des Himmels) und auch die Anunnaki (die Götter der Erde) sind zufrieden. Marduk baut Babel als Sitz der Götterversammlung. Als er bemerkt, daß die Götter durch die ihnen zugeteilten Aufgaben zu stark in Anspruch genommen werden, faßt er einen Plan:

Marduk der Schöpfer

73

> Blut will ich binden und Knochen herrichten,
> ein Wesen will ich bilden, sein Name sei Mensch.
> Wahrlich, ein Wesen will ich erschaffen,
> damit er den Göttern diene
> und sie es bequem haben.

Darauf schafft der Gott Ea die Menschheit. Er nimmt dazu das Blut des Gottes Kingu, den man als Anstifter des ganzen Aufruhrs erkennt und tötet.

War also Kingu nur ein Gott auf Zeit? Die Assyro-Babylonier geben auf diese Frage keine ganz klare Antwort, doch es scheint, daß gerade dieses göttliche „Element" im Menschen, dieser „Geist" (eṭemmu) des getöteten Gottes nach dem physischen Tod des Menschen für sein Weiterleben sorgt. Das Atrahasis-Epos tritt für diese Lösung ein. Doch das Gilgamesch-Epos findet eine andere, realitätsbezogene Antwort auf die Frage nach der Sterblichkeit des Menschen.

Das Gilgamesch-Epos

Dieses Epos aus der altbabylonischen Zeit nimmt verschiedene sumerische Dichtungen auf und verwertet sie; deswegen auch die Wahl des Titelhelden, der, Gott und Mensch zugleich, um 2600 v. Chr. in Uruk regierte. Seine Hand lastet schwer auf den Bewohnern des Landes. Darum entschließt sich die Schöpfergöttin Aruru, einen Steppenmenschen zu erschaffen; einen Gegner, der es mit Gilgamesch aufnehmen kann. Doch der Kampf zwischen Enkidu und Gilgamesch endet auf unerwartete Weise: die beiden schließen Freundschaft miteinander. Gilgamesch überredet Enkidu, zum Zedernwald im Libanon zu ziehen und dort gegen den Waldwächter, ein Ungeheuer namens Huwawa (oder Humbaba) zu kämpfen. Huwawa wird getötet. Die kriegerische Liebesgöttin Ischtar macht Gilgamesch ein Liebesangebot, das der ablehnt – er wußte, wie es dem Dumuzi, einem früheren Liebhaber der Ischtar, ergangen war. Die beleidigte Ischtar läßt die Erde durch den Himmelsstier verwüsten; der wird getötet. Aus Rache lassen die Götter den Enkidu qualvoll sterben. Gilgamesch weiß nun, daß ihn dasselbe Los erwartet; er geht auf die Suche nach Unsterblichkeit. Unterwegs klärt ihn die Wirtin Siduri auf:

Auf der Suche nach Leben

> Gilgamesch, wohin wanderst du?
> Das Leben, dem du nachjagst, findest du nicht.
> Als die Götter die Menschheit erschufen,
> Tod haben sie für die Menschheit bestimmt,
> Leben haben sie in eigener Hand behalten.
> Darum, Gilgamesch, stopf dir den Bauch voll,
> bleib heiter bei Tag und bei Nacht!

Die Fluterzählung des Utnapischtim

Doch Gilgamesch läßt sich nicht abhalten. Der Fährmann setzt ihn über das Wasser des Todes zu Utnapischtim (der dem sumerischen Ziusudra entspricht). Utnapischtim aus Schuruppak ist ein Vorfahre des Gilgamesch. Er konnte sich, gleich Noach, in einer Arche durch die Sintflut hindurchretten, weil der Gott Ea ihm den Beschluß der Götter rechtzeitig verriet. Doch er nahm etwas mehr als Noach in seiner Arche mit. Davon erzählt er dem Gilgamesch:

> Alles, was ich besaß, lud ich darauf;
> alles Silber, das ich besaß, lud ich darauf;
> alles Gold, das ich besaß, lud ich darauf;
> alle Lebewesen, die ich besaß, lud ich darauf.
> Meine ganze Familie und die Verwandtschaft
> hieß ich sich einschiffen;
> das Vieh des Feldes, die wilden Tiere
> und alle Handwerker habe ich eingeschifft.

Dann gehen die Wettergötter, allen voran Adad, ans Werk und bringen Verwüstung über die Welt. Die Götter im Himmel erschrecken beim Anblick der ungeheuren Zerstörung. Selbst Ischtar, die die Sintflut mitbestimmte, bereut ihren Entschluß. Nach sieben Tagen setzt das Schiff auf dem Berg Nisir auf. Utnapischtim wartet weitere sieben Tage:

> Als der siebte Tag gekommen war,
> ließ ich eine Taube zum Freiflug hinaus.
> Die Taube flog fort, doch sie kam zurück;
> sie fand keinen Rastplatz, so kehrte sie um.
> Dann ließ ich eine Schwalbe zum Freiflug hinaus.
> Die Schwalbe flog fort, doch sie kam zurück;
> sie fand keinen Rastplatz, so kehrte sie um.
> Dann ließ ich einen Raben zum Freiflug hinaus.
> Der Rabe flog fort, sah: Die Wasser haben sich verlaufen.

Nun verlassen alle das Schiff und Utnapischtim bringt ein großes Trank- und Weihrauchopfer dar – zur Freude und Erleichterung aller Götter. Der Held wird, zusammen mit seiner Frau, vergöttlicht.

Nachdem Utnapischtim diese Geschichte erzählt hat, verrät er dem **Die Verjüngungspflanze** Gilgamesch ein Geheimnis: Auf dem Meeresgrund wächst eine Pflanze, die aus alt jung macht. Das läßt sich Gilgamesch nicht zweimal sagen. Er befestigt schwere Steine an seinen Füßen, um in die Tiefe zu kommen, findet die Pflanze, befreit sich von den Steinen und kommt wieder an die Oberfläche. Er will die Pflanze nach Uruk bringen, um dort die Menschen jung zu machen.

Doch als er im Verlauf der Rückreise in einer Quelle badet, schnappt **Der Raub der Schlange** ihm eine Schlange die Verjüngungspflanze weg. Gilgamesch kehrt nach Uruk zurück. Die Pflanze, die Jugend schenkt, hat er verloren, doch über das Todesschicksal des Menschen hat er Gewißheit gewonnen. Die Sehnsucht nach Unsterblichkeit ist nichtig: Gilgamesch selber zu zwei Dritteln Gott und nur zu einem Drittel Mensch, muß um dieses einen Drittels willen sterben.

Um den Bestand der Unsterblichen brauchte man nicht zu fürchten; **Die Welt der Götter**

Diese Figur stellt den Dämon Pazuzu dar

Dämonen und Totengeister

Götter gab's die Fülle: Das Enuma elisch erzählt, daß Marduk dreihundert Götter im Himmel und ebensoviele auf der Erde als seine „Polizisten" einsetzt. Die „Große Götterliste" aus der Bibliothek Assurbanipals kennt über 3000 Namen. Einige der Götter, die bei den Sumerern ganz oben standen, verloren ihren Einfluß bei den Assyro-Babyloniern; Anu, Enlil und Ea sind Statisten geworden. Astrale Gottheiten wie Schamasch (die Sonne), Sin (der Mond) oder – die bedeutendste Göttin – Ischtar (der Venusstern) haben die Herrschaft übernommen. In den Erscheinungen der Naturkräfte werden vor allem Adad (Hadad; der Gewittersturm), Ninurta (die Jagd und der Krieg) oder Nisaba (das Getreide) verehrt. Die Unterwelt gehört dem Götterehepaar Nergal und Ereschkigal. Von den Stadtgöttern sind die zu nennen, deren Städte die damalige Welt beherrschen: in Babel der oben erwähnte Marduk (sein Symbol ist die Hacke) und in Assur der Gott Aschschur (sein Symbol ist die geflügelte Sonnenscheibe), der sich ausdauernd bemüht, dem Marduk seinen Rang streitig zu machen. Er fand nie so viele Verehrer wie Marduk, obwohl sie ihn sogar mit fremden Federn schmückten: In der assyrischen Version des Enuma elisch wird der Name Marduk durchweg durch den Namen Aschschur ersetzt.

In welchem Verhältnis die Dämonen zu den Göttern stehen, läßt sich nicht genau sagen. Einige von ihnen sind gut, wie etwa Schedu und Lamassu, die als geflügelte Stiere den Eingang assyrischer Paläste beschützen. Andere sind böse, wie Lilitu, ein Nachtdämon, Asakku, die Krankheit, oder Pazuzu, dessen Aussehen (Flügel, Pranken, Krallen, Skorpionenschwanz) ahnen läßt, wie gefährlich er ist.

Mit den Dämonen lassen sich die Toten„geister" verbinden. Sie werden real und wahrnehmbar geglaubt und sie melden sich bei ihren Verwandten, wenn sie etwa in der staubigen, dunklen Totenwelt nicht gut genug versorgt werden.

Beschwörung und Magie

Gegen die Dämonen und anderes Übel konnte man sich durch Beschwörungen, Amulette, Magie und Mantik wehren. Dabei war eine zahlreiche Priesterschaft behilflich, die in jedem Tempel zur täglichen Ausübung differenzierter und zu jeder Situation passender Kultpraktiken bereitstand. Texte, die zur Heilung oder Abwendung jeden Übels – vom Ameisen- bis zum Schlangenbiß und jeder Krankheit – gedacht waren, standen in der Tempelbibliothek zur Verfügung.

Doch die Frommen verlassen sich nicht nur auf Orakel, Beschwörung und Zauber. Sie wenden sich direkt an ihren Gott, sie beten. Ein Gebet an Ischtar – es gäbe viele andere Beispiele – macht deutlich, was der Beter von der vielverehrten Göttin hält und was er von ihr erwartet:

Gebet an Ischtar

> Kampfmutige Ischtar, verehrte Göttin,
> Leuchte der Himmel und der Erde, strahlend über die Länder!
> Innina, Tochter des Sin, Sprößling der Ningal,
> Zwillingsschwester des bärtigen, glänzenden Kriegers Schamasch!

Ischtar, du bist wie Anu, du regierst den Himmel;
mit Enlil, dem Ratgeber, gebietest du über die Wohnstätten;
schöpferischer Ursprung von Riten und kultischer Reinheit
ordnest du in der Tiefe des Meers die Weisungen Eas an, die
Verordnungen.
Überall, wo Fundamente gelegt und Mauersteine aufgeschichtet
werden,
nimmst du dich wie Schamasch derer an, die sich miteinander
verabredet haben.
Ob unter den Igigu – wer ist dein Rivale?
Ob unter den Anunnaki – wer ist deinesgleichen?
Du bist es, die im Menschenpferch über Armut und Verdienst
entscheidet.
Du änderst das Schicksal und der Unglückliche gedeiht wieder.
Ich habe mich bei den Göttern umgeschaut: nur dir opfert man
Gebete;
ich blickte zu den Göttinnen hin: nur dir huldigt man.
Vor dir steht der Schutzgeist, hinter dir das Glück,
zu deiner Rechten steht die Gerechtigkeit, zu deiner Linken das Gute.
Vor deinem Angesicht geschieht stets Erhörung, Billigung, Seligkeit.
In deiner Umgebung gedeihen Leben und Heil.
Wie gut ist es, zu dir zu beten, wie nah dein hörendes Ohr!
Dein Blick ist Erhörung, dein Wort gibt Licht.
Sei mir barmherzig, Ischtar, laß mich Erfolg haben,
schau getreu auf mich und nimm mein Flehen an.
Ich bin deiner Führung gefolgt, möge mein Vorteil bleiben;
an deine Sänfte habe ich mich gehalten, möge ich mich des Glücks
erfreuen;
dein Joch habe ich getragen, verschaff mir Linderung;
deiner harrte ich, laß mich Seligkeit erlangen.
Dein Strahlen habe ich betrachtet, möge mir Erhörung und Billigung
werden;
Ich habe deinen Glanz gesucht, möge mein Gesicht leuchten;
ich habe nach deiner Herrschaft ausgeschaut, möge mir Leben und
Heil werden.
Daß ich den Schutzgeist habe, der vor dir steht!
Daß ich das Glück habe, das hinter dir steht!
Daß ich den Reichtum bekomme, der zu deiner Rechten steht!
Daß ich das Gute erlange, das zu deiner Linken steht!
Laß meine Rede erhört werden,
mein Wort angenommen, so wie ich es sage.
Führe mich Tag um Tag, gesund und freudigen Herzens;
verlängere meine Tage, gib mir Fähigkeit zu leben:
Daß ich lebe! Daß ich gesund bin! Daß ich deine Göttlichkeit preise!
Daß ich alles erreiche nach meinem Wunsch!
Mögen sich die Himmel deinetwegen freuen,
die Tiefe des Meeres deinetwegen jauchzen.
Mögen die Götter des Alls dich segnen,
mögen die großen Götter dein Herz zufriedenstellen.

Babylonien, Assyrien und die Bibel

Politische Kontakte

Keine Nation und kein Staat haben die Geschichte Israels so stark mitge-
prägt wie die Assyro-Babylonier. Angefangen von Abraham, der aus Ur in
Chaldäa auswandert um in das Land Kanaan zu ziehen (Gen 11,31), führen
die politischen Beziehungen über die Zerschlagung des Staates Israel
durch die Assyrer (2 Kön 17) bis zur Zerschlagung des Staates Juda durch

Religiöse Kontakte

die Babylonier (2 Kön 25). Genauso tiefgreifend sind die Beziehungen im
religiösen Bereich. Die Bibel hat das religiöse Gut Mesopotamiens nicht
übernommen, doch es gibt unbestreitbare Kontakte vor allem in der Art der
Darstellung der Erzählstoffe im Zeitraum zwischen der Erschaffung der
Welt und den Patriarchen (inklusive). Die Tatsache, daß die Flüsse Eufrat
und Tigris in der Bibel als Grenzen des Paradieses genannt werden (Gen
2,14), zeigt, wie stark die Strahlkraft der mesopotamischen Kultur war. Viele
Ähnlichkeiten, bis zur Gleichheit einzelner Motive, finden sich in der Flutge-
schichte (s. oben S. 74), in der Schilderung der Rolle der Schlange beim
Verlust der lebenspendenden Pflanze (s. oben S. 75), in der Rede vom
Wirken der Dämonen . . . Doch eines muß man den Babyloniern absprechen
– den Turm von Babel; der geht zu Lasten der Sumerer (s. oben S. 16). Und
die Rede von Babylon im Buch Daniel oder in der Offenbarung des Johannes bezieht sich auf andere Zeiten und andere Völker; dort sind die
Seleuziden und Römer gemeint.

Wichtigere Bibelstellen

Konkordanz

Assur, Assyrien, Assyrer
Gen 10,11.22; 2,14; 2 Kön 15,19 – 20,6; 2 Chr 28,16–33,11; Neh 9,32; Ps 83,9;
Jes 7,18; 10,5–34; 14,24–27; 19,25; 30,27–33; 36,1 – 37,38; 52,4; Jer 2,18.36;
50,17f; Klgl 5,6; Ez 23,7.9.12; 32,22; Hos 5,13; 11,5; 12,2; Nah 3,18

Babel, Babylonien, Babylonier
Gen 10,10; 11, 1–9; 2 Kön 17,24.30; 20,12–18; 24,1–17; 25,1–30; Esra 1,11; 2,1;
7,6.9; 5,17; 6,1; Ps 137,1.8; Jes 13,1–14, 23; 21,1–10; 39,1–8; 42,10 – 44,23;
46,1; 47,1; 48,20; Jer 21,2; 22,25; 27,1–22; 29,1; 34,1–7; 39,1–10; 50,1–51,64;
52,3–34; Bar 1,1; 6,1–3; Ez 21,24.26; 29,18f; Dan 1,1; Mi 4,10; Sach 1,11

Chaldäa, Chaldäer
Gen 11,28.31; 15,7; 2 Kön 24,2; 25,4f.10.13.25f; 2 Chr 36,17; Esra 5,12; Neh
9,7; Ijob 1,17; Jes 23,13; 48,14.20; Jer 21,4; 25,12; 32,4–43; 33,5; 37,5–14;
38,2.18f.23; 39,5–8; 51,1.24; 52,7f.14.17; Ez 1,3; 11,24; 23,14.23; Hab 1,6

Götter
Bel (Marduk): Jes 46,1; Jer 50,2; 51,44; Bar 6,41; Dan 14,3–22; Adrammelech:
2 Kön 17,31; Anammelech: 2 Kön 17,31; Nebo: Jes 46,1; Nergal: 2 Kön
17,30; Nibhas: 2 Kön 17,31; Nisroch: 2 Kön 19,37; Jes 37,38; Schamasch
(Sonne): 2 Kön 23,11; Sukkot-Benot: 2 Kön 17,30; Tammus: Ez 8,14; Tartak:
2 Kön 17,31

4. Die Amoriter, Kanaaniter, Phönizier

Israels ungeliebte Vorgänger

Wer sich mit diesen frühen Bewohnern Kanaans beschäftigt, erkennt wieder einmal, daß rassische oder ethnische Kategorien in der Antike keine große Rolle spielen. Dafür zählt die Zugehörigkeit zur Sippe, zum Klan, zur Stadt, zum Staat – je nach der seßhaften oder nomadischen (halbnomadischen) Lebensweise. Dieses Denken in familiären (Sippe) oder politischen (Stadt) Kategorien kennt kein Vorurteil gegen die Aufnahme und Verschmelzung ethnisch ganz heterogener Elemente; denn grundsätzlich gilt jeder als assimilierbar – vorausgesetzt, er hat den entsprechenden sozialen und wirtschaftlichen Status. Auf diesem Hintergrund wird verständlich, daß Gen 36,2f auch die Hetiter, Hiwiter und Ismaeliter zu den Kanaanitern gerechnet werden. Doch nicht nur der Autor

Lebensgemeinschaften

„Völker" erhalten Namen

Eine „kanaanäische" Landschaft: Galiläa

Nordwestsemiten

Anfänge im 3. Jt. v. Chr.

von Gen 36 hatte Schwierigkeiten mit den Namen der Völker. Seine Schwierigkeiten sind die unseren geblieben; sie wurden durch die Entdeckungen von Völkern, die in der Bibel nicht oder mit anderen Namen genannt werden, eher größer. Nicht selten spiegeln sich ja in der Wahl eines Namens der politische Standort oder die geographischen Perspektiven dessen, der ihn gibt. Die Ägypter blickten nach Nordosten und sagten: Dort leben Nomaden, Asiaten. Damit meinten sie Menschen, die zu derselben kulturgeschichtlichen Einheit gehörten, die die Sumerer als „Martu", die Babylonier als „Amurru": „die Westler" bezeichneten. Die Griechen schließlich gaben ihnen den Namen „Phönizier". Und die Betroffenen selbst hatten wohl nichts gegen die Bezeichnung „Kanaaniter" (wahrscheinlich: „Leute von der roten Purpurwolle"; dasselbe bedeutet „Phönizier"). Noch zur Zeit des Augustinus (+ 430 n. Chr.) nannten sich die Nachkommen der Phönizier in Nordafrika so. In neuerer Zeit versuchen die Fachleute, von dieser Namensvielfalt loszukommen. Sie sprechen von den „Nordwestsemiten" und meinen damit all die Völkerschaften und politischen Einheiten, die in den letzten drei vorchristlichen Jahrtausenden im Raum zwischen Mesopotamien, Kleinasien und Ägypten lebten. Entsprechend bezeichnen sie ihre Sprache, mit vielen differenzierten Dialekten, die ursprünglich kaum voneinander abwichen, als Nordwestsemitisch. Diese Nordwestsemiten waren schon zu Beginn des 3. Jahrtausends v. Chr. im syrisch-palästinischen

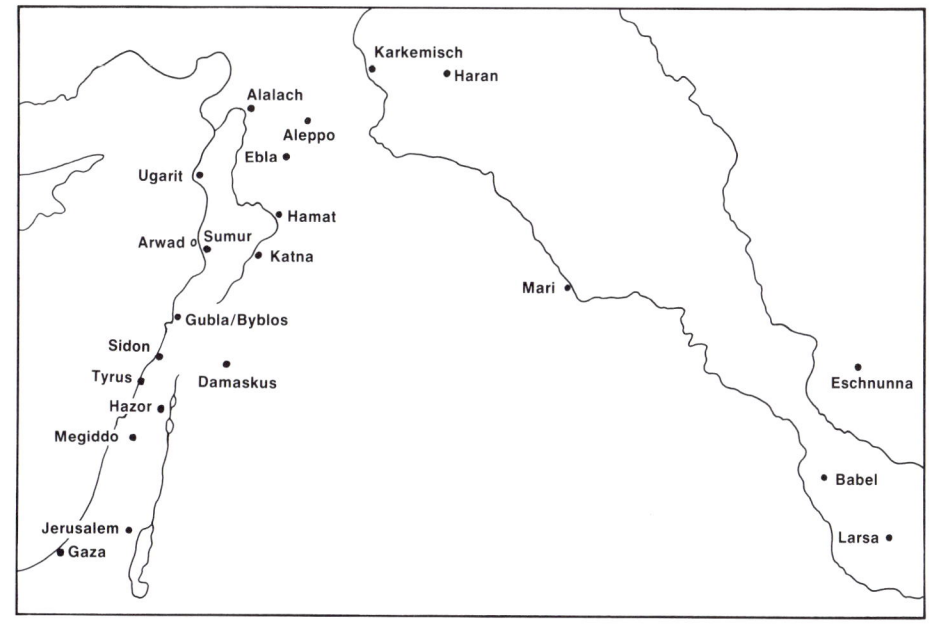

Die Amoriter, Kanaaniter, Phönizier:
„Sechsundsechzig Städte nahm er, siebenundsiebzig Dörfer; achtzig nahm der Herr des Zafongipfels, neunzig der Baal des Gipfels"

Seite 80
oben links: Phönizisches gläsernes Gefäß aus Tyrus

unten links: Tafel aus Ebla (2400 v. Chr.): Text eines Vertrages zwischen zwei Herrschern

unten rechts: Steinperükke an einer Statue aus Ebla (um 2500 v. Chr.)

Statue einer Göttin aus Mari (19. Jh. v. Chr.)

Sargon vgl. S. 18
Lugalzaggesi vgl. S. 17

Die Amoriter

Raum. Sie wandern mit ihren Herden und betreiben Ackerbau. Doch vor allem sind sie Händler. Sie kontrollieren den von Sumer (der Einfluß, vielleicht sogar die Vorherrschaft der Großmacht ist unübersehbar) ausgehenden Handel und beteiligen sich auch selbst daran. Woher diese Protoamoriter bzw. Protokanaaniter ursprünglich kamen, läßt sich, der Kargheit archäologischer Bezeugungen wegen, nicht entscheiden. Sie brachten keine auffallend neue Kultur in das Land, dafür verstanden sie, das Vorgefundene gut auszuwerten. In Städten wie Mari, Ebla oder Byblos (Gebal) zeigt sich schon um die Mitte des 3. Jahrtausends, daß ihre Bewohner über Energie und Organisationstalent verfügen, aber auch, daß sie eher übersichtliche Größen bevorzugen. Eine umfassendere politische Einheit – wie sie im 24. Jahrhundert v. Chr. etwa von Ebla aus hätte entstehen können – brachten sie nicht zustande; obwohl der Einflußbereich dieser Stadt zeitweilig bis nach Assur reichte.

Durch die Feldzüge des Sargon von Akkad oder des Lugalzaggesi von Uruk kam der Raum zwischen Eufrat und Mittelmeer unter „mesopotamische" Herrschaft. Doch dann erstarken die Amoriter allmählich; sie spielen beim Untergang Sumers eine entscheidende Rolle. Es gab amoritische Könige; der große Hammurabi in Babel entstammte einer amoritischen Dynastie. Aber der Kontakt mit der Stadtkultur in Mesopotamien bekommt den Amoritern schlecht. Sie geben ihre Eigenart auf und verlieren sich – trotz des fast kontinuierlichen Zuzugs anderer Amoriter aus dem Westen – bald in der babylonisch-assyrischen Gesellschaft.

Die Nordwestsemiten verfügen im Zentrum ihres Gebiets über wirtschaftlich wie politisch bedeutende Zentren: Karkemisch, Aleppo (mit dem

Geschichte des Sinuhe vgl. S. 34

Hyksos vgl. S. 34

oben: „Fürst aus Hazor" (um 1300 v. Chr.)

unten: „Jagdschale" aus Ugarit (14. Jh. v. Chr.)

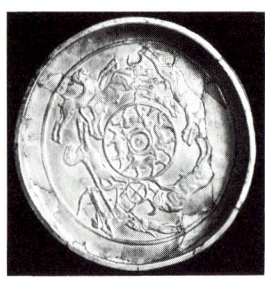

Hetiter vgl. S. 95

Hapiru – „Hebräer"

82

Königreich Jamhad), Alalach, Katna, Hazor und Megiddo. An der Mittelmeerküste liegen die Stadtstaaten Arwad, Sumur, Byblos (Gebal, seit ältester Zeit mit Ägypten verbunden), Tyrus und Gaza. Sinuhe, der zu Beginn des 2. Jahrtausends v. Chr. von Ägypten in das „Obere Retenu", ein Gebiet östlich von Byblos, floh, wo ihn der kanaanäische Herrscher zum Offizier und Fürsten machte, schildert die Situation des Landes in seiner „Geschichte". Aus seiner Erzählung wird auch deutlich, daß das Land von der Viehwirtschaft lebte und nicht urbanisiert war.

> Jedes fremde Land, gegen das ich zog, war nach meinem Angriff von seinen Weideplätzen und seinen Brunnen verscheucht. Ich ergatterte seine Herden, entführte die Leute, nahm ihnen die Lebensmittel weg, machte die Menschen dort nieder . . .

Über die Jahrhunderte kanaanäischer Geschichte, die der Herrschaft der Hyksos („Herrscher fremder Länder") über Ägypten (etwa 1750–1550 v. Chr.) vorangehen, läßt sich wenig sagen. Die Hyksos kamen zwar direkt aus Kanaan, doch sie rekrutierten sich nicht nur aus Kanaanitern, sondern aus einem Völkergemisch, in dem die Hurriter eine offensichtlich nicht geringe Rolle spielten. Später verschwinden die Hyksos widerstands- und spurlos vom Schauplatz der Geschichte; denn nach ihrer Vertreibung dringen die Ägypter fast sofort bis zum Eufrat vor. Sie bringen das ganze nordwestsemitische Gebiet unter ihre Kontrolle, die jedoch weniger von politischen als von wirtschaftlichen Interessen bestimmt ist. Im südlichen Kanaan werden drei Provinzen eingerichtet: Kanaan mit der Verwaltungsstadt Gaza; Amurru mit der Verwaltungsstadt Sumur; Upe mit der Verwaltungsstadt Kumidi. Im nördlichen Kanaan ist, bedingt durch die aufsteigende Macht der Hetiter und Hurriter, die politische Abhängigkeit größer. Um die Mitte des 14. Jahrhunderts v. Chr. beherrschen die Hetiter den ganzen Norden; der Süden besteht aus untereinander zerstrittenen, ägyptenhörigen Stadtstaaten, die zudem mit den Hapiru zu kämpfen haben. Schuwardata von Gat schildert die Lage in einem Brief an den Pharao:

> Möge der König, mein Herr, zur Kenntnis bekommen, daß der Gott des Königs, meines Herrn, den Hapiru, der sich gegen die Staaten erhob, mir ausgeliefert hat; ich habe ihn geschlagen. Und möge der König, mein Herr, gewiß zur Kenntnis bekommen, daß alle meine Vertragsbrüder mich verlassen haben; und daß nur ich und Abduhepa gegen die Hapiru kämpfen, sowie Surata, der Mann von Akko, und Intaruta, der Mann von Achschaf, die mit fünfzig Streitwagen zu meiner Hilfe aufgerufen waren. Und jetzt haben sie Händel mit mir.

Der in diesem Zusammenhang erscheinende Name Hapiru steht nicht für ein Volk, sondern für eine soziale Klasse. Er meint mittellose Wanderer, die während des ganzen 2. Jahrtausends v. Chr. in verschiedenen Gebieten (auch in solchen, in denen die Urahnen Israels nie waren) hin und her ziehen und die Bevölkerung beunruhigen. Es läßt sich nicht ausschließen, daß diese ursprüngliche Bezeichnung einer sozialen Schicht später nur an einer, schon Volk gewordenen ethnischen Größe, den Nachkommen der Patriarchen (den Hebräern), haften blieb.

Ägypten vermag sich nicht zur Befriedung seiner asiatischen Besitzungen aufzuraffen. So gelingt es den Hetitern, die Hurriter zu verdrängen und ganz Nordkanaan zu besetzen. Aus der Provinz Amurru (im heutigen Nordlibanon) entsteht unter demselben Namen ein selbständiger Staat. Die Küstenstädte bauen den Seehandel aus; neuartige Schiffe werden konstruiert; man kommt zu Reichtum und Selbstbewußtsein. Im ganzen kanaanäischen Raum werden die Verhältnisse zunehmend differenzierter.

Um 1200 v. Chr., als der „Seevölkersturm" die ganze Region durcheinanderwirbelte, war Ugarit (die Stadt wollte sich selbst nicht als kanaanäisch bezeichnen) das wichtigste Handelszentrum an der Küste. In dieser Stadt – sie wurde damals zerstört – fand man Archive, die uns die genauesten Nachrichten über die Kanaaniter und ihre Kultur vermitteln. Die ugaritischen Schreiber, Kaufleute und Juristen mußten viele Sprachen und Schriftsysteme kennen! Man schrieb nicht nur in der kanaanäisch-ugaritischen Sprache, sondern auch sumerisch, akkadisch (die meist verbreitete

Kanaanäisches Relief aus Bet-Schean: Kampf zwischen Löwe und Hund (13. Jh. v. Chr.)

Ugarit

Felsen an der phönizischen Küste

Ein für die Geschichte der Schrift wichtiges Denkmal aus Syrien (10. Jh. v. Chr.): Keilschrifttext und aramäische Inschrift auf der Statue eines Königs von Gosan

**Seevölkersturm
vgl. S. 125**

Landnahme der Hebräer

Phönizische Städte

Verkehrssprache), ägyptisch, zypro-minoisch, hetitisch, hurrisch. Man schrieb nicht nur nach einem System, sondern gebrauchte ideographische, syllabische, alphabetische Zeichen, geschrieben von rechts, von links, rechts-links abwechselnd (das sog. Bustrophedon) . . . Kein Wunder, daß man nach Vereinfachung suchte. Die noch nicht entzifferten Pseudohieroglyphen aus Byblos oder die protosinaitischen Inschriften aus Serabit el-Chadim zeugen dafür. Und schließlich kam der große Durchbruch: das Alphabet. Es wurde wahrscheinlich zuerst in Byblos (Gebal) entwickelt; nach seinem Vorbild entstand in Ugarit die sog. keilalphabetische Schrift. Das sog. phönizische Alphabet, das die Griechen etwa im 8. Jahrhundert v. Chr. übernahmen und um Vokalzeichen bereicherten, steht für praktisch alle heutigen Schriftsysteme Pate.

Der Seevölkersturm verursachte eine grundlegende Umschichtung der Bevölkerung. Neue politische Einheiten entstehen. Die Philister siedeln sich an der ägyptischen Grenze an (Gaza, Aschkelon, Aschdod, Ekron, Gat); nördlich davon (bis zum Karmel) lassen sich die Tscheker nieder; beides Völker, die den Seevölkersturm mitgetragen haben. Zwischen ihnen und dem Jordan erobern sich die Hebräer ihr Land. Sie entwickeln sich aus einer Gruppe von Halbnomaden zum großen Volk, das mit der Zeit zur wichtigsten politischen Kraft in der Region wird. Beispiele für die Eroberungen und eine zusammenfassende (freilich nicht tendenzfreie) Darstellung der ganzen Landnahme finden sich im Buch Josua. Im Südwesten Syriens tauchen die ersten Aramäer auf. Im Oberen Syrien entstehen neohetitische Reiche. Die meisten Küstenstädte, die als einzige die alte Volksstruktur durch die Katastrophe hindurchretteten, werden Zielpunkte assyrischer Attacken. Tiglatpileser I. (1114–1076 v. Chr.) prahlt:

> Ich kam nach Libanon. Ich fällte Zedernholz für den Tempel des Anu und Adad, der großen Götter, meiner Gebieter, und transportierte es ab. Ich zog weiter in das Land Amurru, eroberte das ganze Land Amurru. Ich erhielt Tribut von Byblos, Sidon und Arwad. Mit Schiff . . . erreichte ich Sumur.

Die Städte (die von nun als phönizisch bezeichnet werden) fanden nie zu einer politischen Einheit. Sie suchten einander im Handel, den sie meisterhaft beherrschten, auszuspielen und zu übertrumpfen. Ihre wichtigsten Partner waren die Aramäer von Damaskus und Hamat, Israel, Ägypten und der Westen. Der Handel bringt Reichtum und Wohlstand, das Handwerk blüht. Man produziert scharlachrote Wolle, weiß Metall und Elfenbein zu bearbeiten, kennt sich in der Baukunst aus. Die Städte expandieren; sie gründen Handelsniederlassungen und Kolonien auf Rhodos, in Nordafrika (Karthago!), auf Sardinien, auf der Iberischen Halbinsel. Dies alles trotz des harten Konkurrenzkampfes mit der Kaufleutenation der Griechen, die sich ihren Platz erobern, und den hohen Tributleistungen an assyrische Herrscher. Es mußte zu Rückschlägen kommen. Als einzelne Städte (zu einer gemeinsam geplanten Aktion aller phönizischen Städte kam es nie) sich gegen die Assyrer auflehnten und harte Vergeltungsmaßnahmen herausforderten, war es so weit. Asarhaddon (681–669 v. Chr.) zerstört Sidon und errichtet drei assyrische Provinzen (Simirra/Sumur, Sidon, Tyrus). Nebukadnezzar (605–562 v. Chr.) belagert die Stadt Tyrus dreizehn Jahre lang erfolglos. Erst Alexander dem Großen gelingt es, diese Stadt, die auf einer der Küste vorgelagerten Insel lag, durch den Bau eines Dammes zu erobern. Damit setzt eine starke Hellenisierung ein: die Phönizier übernehmen viel von der griechischen Kultur, geben aber womöglich noch mehr von ihrer eigenen weiter. Der Schwerpunkt des Phöniziertums verlagert sich jetzt nach Karthago in Nordafrika. Die Phönizier, jetzt Punier genannt, pflegen weiterhin den Kult der Götter und das Opferwesen ihrer alten Heimat. Sie dienen „dem Herrn Baal-Schamem, der Herrin Tinnit, Baals Gegenüber, dem Herrn Baal vom Kultpfahl und dem Herrn Baal von den Schildern", damit sie sie „segnen und ihrem Ruf für immer Erhörung schenken".

Sarkophag des Königs Eschmunazar II. von Sidon (5. Jh. v. Chr.) mit seiner in phönizischer Sprache geschriebenen Biographie

Zeittafel

Ugarit			Sidon		
20. Jh.	Jakaru		14. Jh.	Zimrida	
	Nikmad		8. Jh.	Luli	
	Ibiranu		7. Jh.	Tubailu	
19. Jh.	Nikmepa			Abdimilki	
	Nikmepa		6. Jh.	Eschmunazar I.	
	Hammurabi		5. Jh.	Tabnit	
	Ibiranu			Eschmunazar II.	
18. Jh.	Nikmepa			Bodaschtart	
	Jahdhir-addu		4. Jh.	Straton I.	
	Ibiranu			Tennes	
	Hammurabi			Straton II.	
	Nikmepa			Abdalonymos	
	Ammistamru				
17. Jh.	Purukku		**Tyrus**		
16. Jh.	Nikmad		14. Jh.	Abimilku	
	Ammistamru		969–936	Hiram I.	
	Nikmepa		887–856	Ittobaal I.	
14. Jh.	Ammistamru		9. Jh.	Mutto	
	Nikmad			Pygmalion	
	Arhalbu		8. Jh.	Ittobaal II.	
13. Jh.	Nikmepa			Hiram II.	
	Ammistamru			Metenna	
	Ibiranu			Luli	
	Nikmad		6. Jh.	Ittobaal III.	
Um 1200	Hammurabi		332	Eroberung durch Alexander den Großen	

Götter im Himmel und auf der Erde

Quellen

Über die kanaanäisch-phönizische Religion wissen wir mehr als über die anderen altorientalischen Religionen: Ugaritische Texte und die Bibel, phönizisch-punische Inschriften und griechische Schriftsteller bezeugen sie auf je eigene Art. Die Funde in Ugarit und teilweise auch in Mari am Eufrat vermitteln uns die religiösen Vorstellungen dieser Menschen – auch wenn die Fremdartigkeit des Denkens und sprachliche Unklarheiten eine manchmal schwer oder gar nicht zu überwindende Barriere bilden. Hinzu kommt, daß die Texte aus Ugarit zwar repräsentativ sind für kanaanäische Religion – für *die* kanaanäische Religion schlechthin können sie nicht sprechen; denn jede Stadt kann eines anderen Gottes Besitz sein, der den Göttern in seinem Bereich die Rollen zuweist. In Ugarit z. B. gilt Athirat (= Aschera) als Gemahlin von El; die Tafeln aus Taanach dagegen bringen sie in Zusammenhang mit Baal. Dennoch offenbaren uns Ugarits Mythen und Riten die Grundstruktur der gesamtkanaanäischen Religion.

El = „der Gott"

Das kanaanäische Pantheon wird angeführt von El (Eigenname, aber auch allgemeinsemitische Bezeichnung für „Gott"). Da bisher keine ugaritische Theogonie oder Kosmogonie entdeckt wurde, wissen wir nicht, woher er kommt. Er ist da. Ein alter, eher ruhiger Gott, der Schöpfer des Geschaffenen, der Vater der Götter. Ein Text erzählt uns die Geburt zweier Gottheiten: Schachar und Schalim (Astralgottheiten, wahrscheinlich bezogen auf den Sonnenaufgang und den Sonnenuntergang). El befindet sich am Strand; dort begegnen ihm zwei Frauen. Die eine ist die Göttin Athirat, seine Gattin. Es kommt zur Annäherung. Nach anfänglichen Schwierigkeiten ist der betagte El soweit („Els Hand" – gemeint ist der Penis – „wurde

links: „Schlangenstele", Ugarit (13. Jh. v. Chr.): Dem Gott El wird Opfer dargebracht

rechts: Die Kriegs- und Liebesgöttin Anat

lang wie das Meer, wie die Flut"). Zwei Göttersöhne werden geboren; für sie bringt man der Sonnengöttin Schapasch und den Sterngottheiten ein Dankopfer dar.

Baal (= Herr; der Hadad/Adad anderer Kulturen) spielt im ugaritischen Kult eine wichtigere Rolle als El. Er ist ein Bauern- und Hirtengott; als „Wolkenreiter" bringt er Wind und Regen und ist für Quellen und Flüsse zuständig. Doch er ist nicht der „Gott der Quellen". Die werden von der Göttin Anat (das Wort bedeutet: Quelle) verwaltet, die ihrerseits als „Schwester" dem Baal assoziiert wird. Baal ist auch nicht der „Gott des Meeres" – das fällt in den Bereich der Athirat des Meeres. Doch er darf thronen auf seinem „heiligen Berg" Zafon (im Norden Ugarits, 1770 m hoch, stets von Wolken umhüllt). Trotzdem beklagt er sich bei Anat, daß er keinen standesgemäßen Palast habe. Anat ist sofort bereit, die Baugenehmigung von El einzuholen. Aufbrausend wie sie – Kriegs- und Liebesgöttin zugleich – ist, beginnt sie ihre Bitte mit einer Attacke:

> Auf dein graues Kopfhaar lasse ich Blut fließen,
> auf dein graues Barthaar den Blutschweiß.

Doch El weiß mit ihr umzugehen und antwortet ruhig: „Was begehrst du, o Jungfrau Anat?" Er ist mit dem Bau des Baalpalastes einverstanden,

Baal = „der Herr"

Ein Palast für Baal

links: Stillende Göttin, Ugarit (13. Jh. v. Chr.)

rechts: „Herrin der Tiere", Elfenbein aus der Gegend von Ugarit (13. Jh. v. Chr.): Die Große Göttin gibt den Steinböcken Getreidebüschel

Seite 89
links: Der Gott Baal mit
dem Blitz, Ugarit
(vor 1200 v. Chr.)

rechts: „Fürst aus Katna"
(17. Jh. v. Chr.): vielleicht
ein vergöttlichter König

die Zustimmung seiner Gemahlin Athirat vorausgesetzt. So muß der Gott Kothar, ein Kunsthandwerker, Geschenke anfertigen, um Athirat gnädig zu stimmen. Die Rechnung geht auf. Athirat gibt ihre Zustimmung, El erteilt die Baugenehmigung und Kothar baut auf dem Berg Zafon einen Palast für Baal aus Gold und Silber. Zum Festmahl werden alle siebzig Söhne der Athirat eingeladen. Durch den Übermut Baals herausgefordert, betritt jetzt der Gott Mot (= Tod) die Szene und sagt zu Baal:

Rache des Mot

> Denn du hast geschlagen Lotan (= Leviatan), die schnelle Schlange,
> du hast vernichtet die gewundene Schlange,
> hast Schaljat mit sieben Köpfen gereizt,
> hast Schamem in Zerstörung getrieben.
> Ich selber werde dich verzehren,
> essen werde ich: Schenkel, Bauch, Unterarme,
> damit du niedergehst in den Schlund Mots, des Sohns des El,
> in den Sumpfgrund des Geliebten Els, des Helden.

Baal in der Unterwelt

Erschrocken unterwirft sich Baal dem Mot; doch er muß trotzdem in die Unterwelt. Zuvor jedoch befruchtet er eine Kuh (er ist ja zuständig für die Fruchtbarkeit der Erde). El und die ganze Götterversammlung trauern um ihn. Anat geht mit der Sonnengöttin Schapasch auf die Suche nach seiner Leiche; die beiden begraben Baal auf dem Berg Zafon. Da der „furchtbare Athtar" nicht fähig ist, den Baal zu ersetzen („seine Füße erreichen den Thronschemel nicht"), übernimmt für einige Zeit El allein das Götterregiment. Wieder greift Anat ein; sie sucht Mot:

> Wie das Herz einer Kuh für ihr Kalb,
> wie das Herz eines Mutterschafs für sein Lamm,
> so ist das Herz der Anat ganz für Baal.
> Sie packt den Mot, Els Sohn,
> mit einer Sichel hackt sie ihn auseinander,
> mit einer Schaufel worfelt sie ihn,
> in Sonnenglut brennt sie ihn,
> mit der Handmühle zermalmt sie ihn,
> auf dem Feld streut sie ihn.

Danach brechen Anat und Schapasch noch einmal auf, um Baal zu suchen. Irgendwie kommt es zum Kampf zwischen Baal und Mot, den El zugunsten des ersten entscheidet.

**Saat und Ernte –
Sonne und Regen**

Diese Geschichte, sichtlich vom jahreszeitlich bedingten Wechsel zwischen Saat, Wachsen und Ernte her zu verstehen, erweist deutlich, daß die kanaanäische Religion eine Naturreligion ist. Baal ist das Fruchtbarkeitsprinzip, durch das das Leben besteht. Er muß als Regen in die trockene Erde eingehen, um das Wachstum zu ermöglichen. Auf diese Weise stirbt er in Mot hinein. Die kämpferische „Jungfrau Anat" sammelt das Wasser unter der Erde – die Leiche Baals – und bringt es mit der Sonnengöttin Scha-

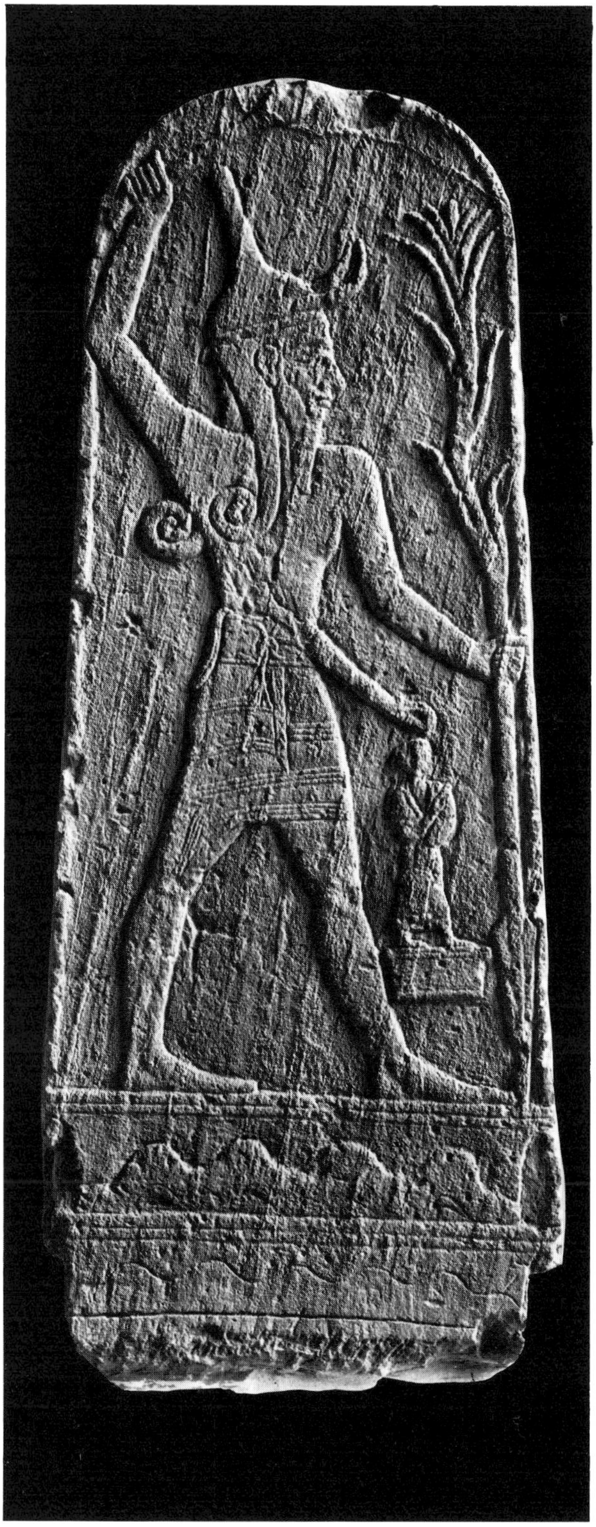
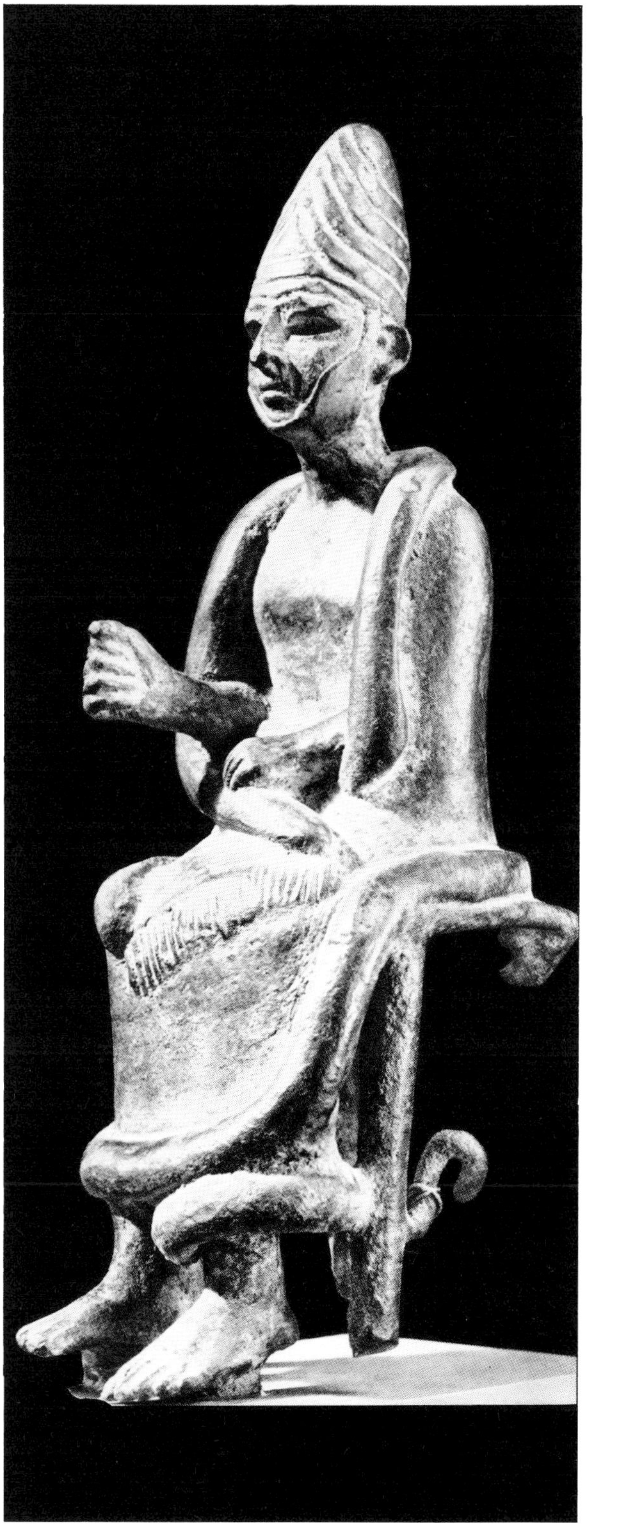

pasch lebenspendend auf die Erde zurück (Anat durch die Quellen, Schapasch durch Verdunstung). Die Geschichte gleicht dem Wechsel der Jahreszeiten: Im Winter kommt der Regen-Baal in die Erde, im Herbst entstehen neue Regenwolken.

Die ugaritische Religion lebte ziemlich stark vom Gegensatz zwischen El und Baal, der möglicherweise ursprünglich auf einen Kampf zwischen einem ansäßigen und einem erobernden Volk zurückgeht. El ist ja betagt, weise, ruhig, nachsichtig; er gleicht die Differenzen aus. Man stellt ihn sich sitzend vor, mit zwei mächtigen Stierhörnern und einem ziemlich dicken Bart. Baal personifiziert jeden jungen Krieger: Hörner und Bart sind bei diesem „Jungstier" nicht gerade stark entwickelt. Doch er ist energisch und aktiv und darum dem El überlegen. Bald wird er der wichtigste Gott im kanaanäischen Pantheon. An ihn kann man sich halten:

Gebet an Baal

> Greift ein Mächtiger das Stadttor an,
> ein Heldenmütiger die Stadtmauern,
> dann hebt eure Augen auf zu Baal:
>> O Baal, jag bitte den Mächtigen vom Stadttor weg,
>> den Heldenmütigen von den Stadtmauern:
>>> Einen Stier für Baal weihen wir!
>>> Ein Gelübde für Baal legen wir ab!
>>> Einen Erstgeborenen für Baal weihen wir!
>>> Die Beute bringen wir Baal als Opfer dar!
>>> Ein Trankopfer bringen wir dem Baal!
>> Wir werden zum Heiligtum Baals hinaufsteigen,
>> auf den Wegen zum Baalstempel werden wir gehen.
> Nun wird Baal eurem Gebet seine Aufmerksamkeit schenken,
> er wird den Mächtigen vom Stadttor wegjagen,
> den Heldenmütigen von den Stadtmauern.

Baals „Vater"

Baals voller Name lautet Baal Hadad, „der Herr Donnerer"; zu Beginn war er – so scheint es – der akkadische Wettergott. Sein Vater war Dagan, der Hauptgott der ostamoritischen Stadt Tuttul, der dem Sargon von Akkad die Eroberung von Amurru bis zum Mittelmeer ermöglichte und so dem El von Ugarit aufoktroyiert wurde. Später überließ er selbst seinem Sohn Baal den Vortritt. Diese Vaterschaft ist allerdings umstritten; denn Baal wird nicht nur als Sohn des Dagan, sondern auch als Sohn des El bezeichnet. Das Problem ist nicht zu lösen; es sei denn, man verstünde Dagan nicht als Eigennamen, sondern in der Bedeutung „Wolke"; „Sohn des Dagan (der Wolke)" würde dann Regen bedeuten und die Vaterschaft Els stünde nicht zur Diskussion.

Göttinnen

Fragt man nach den ugaritischen Göttinnen, erhält man den Eindruck, daß die Theologen eine eher antifeministische Position vertreten. Athirat erhält zwar einen wichtigen Part als Göttermutter; die zahllosen Statuetten der nackten Göttin bezeugen, daß ihr Kult sehr verbreitet war. Doch der Theologe, der sie charakterisiert, dachte wohl an eine vorweggenommene

90

Xantippe: sie ist eine eitle Intrigantin, die ihren lieben Sohn Athtar auf den Thron hieven will; allenfalls kann man sie durch Geschenke überzeugen, wie bei der Entscheidung für den Bau des Baalspalastes.

Im Fall Anat lassen schon die plastischen Darstellungen erkennen, daß man ihr kein ausgeglichenes Temperament zutraut: sie trägt Kuhhörner, aber dazu noch Flügel. Daß sie schön und voller Liebe ist, wird nicht bestritten. Aber wenn sie zu wüten beginnt, läßt sie keinen am Leben. Anat jagt gern; sie möchte den Bogen des Akhat. Als der sich weigert, ihr den seinen zu geben, sondern vorschlägt, einen anderen für sie anzufertigen, nimmt Anat seinen Tod in Kauf, nur um an den begehrten Bogen zu kommen.

Über andere Götter läßt sich viel weniger sagen. Die in mehreren semitischen Kulturen so wichtigen Gottheiten Athtar und Athtart etwa werden in Ugarit eher wie arme Verwandte behandelt; den Göttern Raschap, Dagan oder Malik geht es nicht besser. Doch im Kult werden mehrere Götter angerufen. Wir kennen Götterlisten mit bis zu 33 Namen.

Goldener Anhänger mit schematischer Darstellung einer weiblichen Gottheit aus Südkanaan (um 1500 v. Chr.)

Die ugaritische Religion war offen für fremde Einflüsse. Sie kamen aus Ägypten, aus Mesopotamien, aus der Ägäis, von den Hetitern und Hurritern. So nimmt es nicht wunder, daß die gesamte nordwestsemitische Kultur auch nach dem Fall Ugarits einerseits Fremdes übernahm (man denke nur an das, was später die Perser und Griechen einbrachten), andererseits aber ihre spezifischen Auffassungen des Religiösen beibehielt. Nordsyrien und phönizische Küstenstädte gaben erneuernd das Vermächtnis ihrer Väter weiter.

Die Bibel

Im Verlauf der „Landnahme" ließ Israel sich in Kanaans Land nieder und kam damit in unmittelbaren Kontakt mit einer anderen Sprache und einer anderen Kultur. Beides scheint von den Neuankömmlingen weitgehendst übernommen worden zu sein. Die Texte aus Ugarit – neuerdings auch die aus Ebla – ermöglichen einen direkten Vergleich zwischen der Bibel und der kanaanäischen Kultur. Der Wert dieses Vergleichs ist zwar durch die Zeitunterschiede relativiert (die ersten biblischen Texte entstanden nicht vor dem 10. Jahrhundert v. Chr.; die ugaritischen aber sind alle vor 1200 v. Chr. verfaßt, die eblaitischen gar vor 2200 v. Chr.), doch schon die direkte Abhängigkeit der Sprache und der ständige Kontakt mit den Nachfahren der alten Kanaaniter machen den Vergleich legitim und zwingend. Nicht von ungefähr verlangt manch ein Bibeltext die totale Ausrottung der Kanaaniter und ihrer religiösen Objekte:

Übernahme von Sprache und Kultur

> Du sollst sie der Vernichtung weihen (Dtn 7,2).
>
> Ihr sollt ihre Altäre niederreißen, ihre Steinmale zerschlagen, ihre Kultpfähle umhauen und ihre Götterbilder im Feuer verbrennen (Dtn 7,5).

Doch alles andere durfte Israel wohl nehmen und übernehmen: Häuser, Hausgeräte, Werkzeuge, Waffen usw. Wie mag wohl ein silberner Becher auf einen Nomaden gewirkt haben, der bisher nur Tongefäße kannte?

Sprachlicher Vergleich

Der sprachliche Vergleich führt nicht selten zu überraschenden Ergebnissen. Seltene, manchmal mißverständliche hebräische Wörter finden sich im Ugaritischen wieder, oft in einem klar verständlichen Kontext. (Ps 68,5 z. B. liest man jetzt dank dem Ugaritischen „Wolken", statt der bisherigen „Steppe".) Aber auch stilistische Eigenheiten erklären sich aus dem Vergleich. Wie oft finden sich in der Bibel Wortpaare, die vor allem in der Poesie unweigerlich zusammengehören, als hätte es einen Thesaurus der Parallelismen gegeben. In Ugarit fand man dieselben Wortverbindungen: Weinen-Klage (Koh 3,4); Hand-Fleisch (Koh 4,5); Land-Feld (Koh 5,8). Neben den oben zitierten Text über Leviatan (s. 88) kann man Jes 27,1 stellen.

Übernahme von „Gottesnamen"

Doch nicht nur formal, auch inhaltlich trägt das Kanaanäische einiges zum Verständnis der Bibel bei. Denn nicht alles Kanaanäische wurde von der Religion Jahwes ferngehalten. So scheut sich die Bibel nicht, den Namen des höchsten ugaritischen Gottes El als Bezeichnung des einen Gottes, des Vaters, zu übernehmen. Auch den Titel Adonaj – ein Beiname des von den Propheten und einigen reformatorischen Königen heftig bekämpften Baal – gebraucht sie gern.

Jahwe kontra Baal

Der Kult des Vegetations- und Fruchtbarkeitsgottes Baal mußte den israelitischen Bauern und Hirten – dem Gros der Gesellschaft – einleuchtend und attraktiv erscheinen. Nicht umsonst spielt im Gottesurteil, das Elija auf dem Berg Karmel beschwört (1 Kön 18) die Erscheinung der Wolke die entscheidende Rolle: Nicht der regenspendende Baal!, der Gott Israels, Jahwe garantiert dem Land die Fruchtbarkeit, dem Volk das Leben. Auf kanaanäischem Hintergrund erklären sich auch Texte wie Jes 14,13, wo klar gesagt wird, daß die Götterversammlung im äußersten Norden (= der Berg Zafon) abgehalten wird; daß Jahwe auf einer Wolke fährt wie Hadad (Jes 19,1); daß seine Stimme im Himmel erschallt wie die des Baal (Ps 29); daß man das Zicklein in der Milch seiner Mutter kochen oder nicht kochen darf (Dtn 14,21).

Tempel

Die Auskünfte, die die Bibel über kanaanäische Heiligtümer gibt, sind typisch und untypisch zugleich. Die Archäologen entdeckten mehrere kanaanäische Tempel (Megiddo, Hazor, Bet-Schean, Lachisch), die denselben Grundriß aufweisen wie der Jerusalemer Tempel Salomos: Vorhof, Tempel, das Allerheiligste. Fragt man aber nach den in der Bibel öfters

Kulthöhen

erwähnten „Kulthöhen" (hebräisch Singular bamá, Plural bamót), ergibt sich ein merkwürdiger Widerspruch: in Ugarit weiß man nichts von ihnen. Und dennoch sind sie Wirklichkeit. Die Kanaaniter bauen ihrem Baal Altäre im Freien, so wie man sie auch für Jahwe errichtet (vgl. 1 Kön 3,4). Und manchmal vertauschen die Israeliten einen Baalsaltar gegen einen Jahwealtar:

> Reiß den Altar des Baal nieder, der deinem Vater gehört,
> und den Kultpfahl hau um!
> Bau einen Altar für den Herrn, deinen Gott, auf der Höhe
> der Burg hier (Ri 6,25 f).

Bei ihren Altären (oder vielleicht auch als eine Art selbständiger Altar) **Kultpfähle**
stellten die Kanaaniter Mazzeben auf: Holz- oder Steinmale, die nicht selten
mit dem Fruchtbarkeitskult (phallisch) zu verbinden sind. Wie haben die
treuen Jahveverehrer gegen sie gewütet!

> Du sollst keine Kultgegenstände herstellen wie sie, sondern sie
> zerstören und ihre Steinmale zerschlagen (Ex 23,24).
>
> Er zerbrach die Steinmale, hieb die Kultpfähle um und füllte ihre
> Stätten mit Menschenknochen (2 Kön 23,14).

Auch zwei andere Einrichtungen der kanaanäischen Religion stellten **Menschenopfer**
die Jahve-Leute vor große Probleme: die Kindesopfer und die Ascheren.
Die Bibel spricht vom kanaanäischen Brauch des Menschenopfers im
Zusammenhang mit dem Bauopfer (1 Kön 16,34) oder dem Moloch-Kult
(2 Kön 23,10). Philo von Byblos bestätigt, daß es sich in diesen Fällen nicht
um Ersatzopfer, sondern um wirkliche Darbringungen handelte. (Auf diesem Hintergrund versteht sich die Erzählung vom Isaakopfer; Gen 22.) Philo
erzählt: Bei den Alten war es Brauch, daß die Fürsten, wenn Stadt oder Volk
in äußerster Not waren, um nicht alle dem Verderben auszuliefern, das
liebste ihrer Kinder als erlösungswirkendes Schlachtopfer den strafenden
Dämonen preisgaben. Die Preisgegebenen wurden nach einem geheimen
Ritus geschlachtet. Denn Chronos, der Herrscher des Landes, den die
Phönizier El nennen (der nach seinem Tod als Chronosstern vergöttlicht
wurde), hatte von seiner eingeborenen Braut Anobret einen einzigen Sohn,
den er deswegen Jëud nannte. Noch heute geben die Phönizier ihren
einzigen Söhnen diesen Namen. Als das Land in Kriegsnot geriet, zog
Chronos seinem Sohne Königskleider an, baute einen Altar und opferte den
Sohn.

Aschera (in Ugarit Athirat, die Gattin Els) gehört zu den in der Bibel am **Aschera**
häufigsten genannten kanaanäischen Göttern. Nicht nur sie selbst, all ihre
Kultobjekte werden „Aschera" genannt. Sie ist die Göttin der Fruchtbarkeit
und der Liebe. Ihr zu Ehren werden die Holzpfähle und Steinmale –
Repräsentation der Männlichkeit – aufgestellt.

Auch Astarte (die ebenso wie Aschera durch die eine babylonische **Astarte**
Göttin Ischtar repräsentiert wird) findet in Kanaan viele Anhänger. Sie gilt
als Göttin des Krieges und der Liebe; mit ihrem Namen verbindet sich in
Kanaan die kultische Prostitution (vgl. etwa Hos 1,2).

Im Vergleich mit diesen beiden ist die einst in Ugarit so beliebte Anat **Anat**
fast vergessen; nur einige Ortsnamen bezeugen ihren Kult. Darüber hinaus
erscheint ihr Name in einem merkwürdigen Zusammenhang: in Briefen, die

93

im 5. Jahrhundert v. Chr. von Juden in Elephantine geschrieben wurden, ist von Anat-Jahu die Rede – und das bedeutet, daß die Schreiber die Göttin Anat dem einen Gott Jahwe als Parhedra zur Seite stellen.

Wichtigere Bibelstellen

Konkordanz

Amoriter

Gen 10,16; 14,7.13; 15,16; 48,22; Ex 3,8.17; 13,5; 23,23; Num 13,29; 21,21–32;
    Dtn 1,7.19 f.44; 3,8; 7,1; 20,17; Jos 10,5.12; 11,3; 13,4.10.21; 24,8.11.15.18;
    Ri 1,34 f; 6,10; 10,8.11; 11,21–23; 1 Sam 7,14; 2 Sam 21,2; 1 Kön 9,20; 21,26;
    2 Kön 21,11; Jdt 5,15; Ez 16,3.45; Am 2,9 f

Kanaan, Kanaaniter

Gen 9,18–27; 10,15.18 f; 13,7; 12,5 f; 17,8; 23,2.19; 28,1.6.8; 33,18; 36,5 f;
    42,5.7; 45,18.25; 47,14 f; 50,11; Ex 3,8.17; 13,5.11; 15,15; 16,35; 23,23; 23,28;
    33,2; Lev 14,34; 18,3; Num 13,2.17.29; 14,25.43.45; 21,1.3; 32,30.32;
    33,40.51; 35,14; Dtn 7,1; 20,17; 32,49; Jos 5,12; 7,9; 16,10; 17,12 f.16.18;
    21,2; 22,9 f.32; 24,11; Ri 1,1–21; 3,1; 4,2.23 f; 5,19; 2 Sam 24,7; 1 Kön 9,16;
    Esra 9,1; Neh 9,8; Jdt 5,16; 1 Makk 9,37; Ps 106,38; 135,11; Jes 19,18; 23,11;
    Bar 3,22; Ez 16,3; Dan 13,56; Obd 20; Zef 2,5; Mt 15,22; Apg 13,19

Phönizien, Phönizier

2 Makk 3,5.8; 4,4.22; 8,8; 10,11; Mk 7,26; Apg 11,19; 15,3; 21,2

Städte

Arwad: Gen 10,18; 1 Chr 1,16; 1 Makk 15,23; Ez 27,8.11;
Gebal: Jos 13,5; 1 Kön 5,32; Ez 27,9;
Sidon: Gen 10,19; 49,13; Jos 11,8; 19,28; Ri 1,31; 10,6; 2 Sam 24,6; 1 Kön 5,20;
    11,1.5.33; 16,31; 2 Kön 23,13; 1 Makk 5,15; Jes 23,2.4.12; Jer 25,22; 27,3; Ez
    28,21–23; Mt 11,21 f; 15,21; Mk 3,8; 7,24.31; Lk 6,17; 10,13 f; Apg 27,3;
Tyrus: 2 Sam 5,11; 1 Kön 7,13 f; 9,11 f; 1 Chr 14,1; 2 Chr 2,3.10; 1 Makk 5,15;
    11,59; 2 Makk 4,18.32.44.49; Ps 45,13; 83,8; 87,4; Jes 23,1–18; Jer 25,22;
    27,3; Ez 26,2 – 28,19; Mt 11,21 f; 15,21; Mk 3,8; 7,24.31; Lk 6,17; 10,13 f; Apg
    12,20; 21,3.7

Götter

Aschera: 1 Kön 15,13; 18,19; 2 Kön 23,4.7; 2 Chr 15,16; Jes 17,8; 27,9;
Astarte: Ri 2,13; 10,6; 1 Sam 7,3 f; 12,10; 31,10; 1 Kön 11,5.33; 2 Kön 23,13;
Baal: Ri 10,6.10; 1 Sam 7,4; 12,10; 1 Kön 16,31 f; 18,18–40; 19,18; 22,54;
    2 Kön 10,18–28; 11,18; 17,16; 21,3; 23,4 f; 2 Chr 23,17; Jer 2,8.23; 7,9; 9,13;
    11,13.17; 12,16; 19,5; 23,13; Hos 2,10.18;
Hadad-Rimmon: Sach 12,11;
Moloch: Lev 18,21; 20,2–5; 1 Kön 10,7; 2 Kön 23,10; Jes 57,5 f.9; Jer 32,35;
    Apg 7,43;
Mot: Jes 28,15.18

5. Die Hetiter

Ein Streifzug durch die Geschichte

Das Kernland der Hetiter lag um die Hauptstadt Hattuscha (heute Boghazköy) im nordöstlichen Kleinasien und wurde vom Fluß Halys (türkisch: Kizil Irmak) wie mit einem schützenden Arm umfaßt. Die Landschaft ist bergig, von Tälern durchfurcht, der Boden wenig ertragreich: Ein Land, das seinen Bewohnern den Wohlstand nicht garantieren kann. In diesen Voraussetzungen gründet der Expansionsdrang seiner späteren Bewohner. **Das Land**

Dies Land nahm der Volksstamm der Chatti für sich in Anspruch. (Sie haben nichts zu tun mit der germanischen Völkerschaft der Chatti = Hessen, die bei römischen Schriftstellern erwähnt wird!) Die Chatti lebten in unabhängigen, miteinander rivalisierenden, kleinen Stadtstaaten und entwickelten dort eine beachtliche materielle Kultur. Daneben existierten einige fremde Handelskolonien. Bekannt ist Kanesch (heute Kültepe), wo im 19.–18. Jh.v.Chr. eine internationale Handelsniederlassung mit vorwie- **Die Chatti**

Ausgrabungen in Hattuscha. Im Vordergrund der große Tempel des Wettergottes (um 1400 v. Chr.)

Die Hetiter:
„Wende dich dem Hetiter-
land gnädig zu, o Telipinu!
Mächtiger Gott, behalte
am Leben den König, die
Königin und die Fürsten!
Gib ihnen für immer Le-
ben, Gesundheit, Langle-
bigkeit, Kraft, und leg in
ihre Seelen Licht und
Freude!"

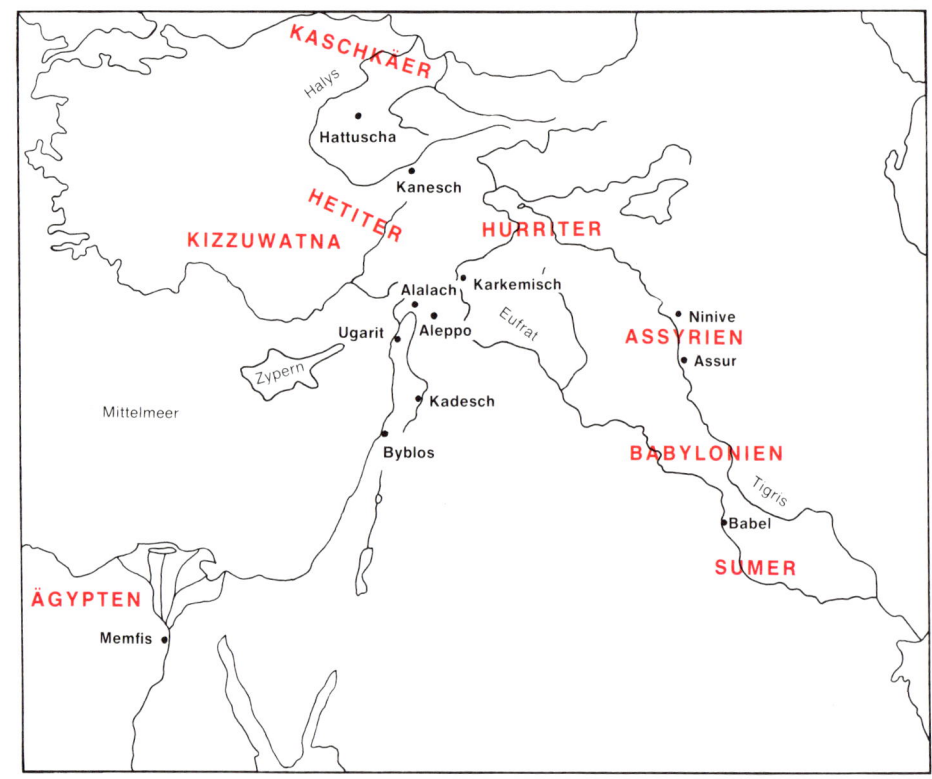

gend assyrischer Beteiligung bestand. Nach 2000 v. Chr. werden in diesem Gebiet zunehmend Personen mit hetitischen Namen erwähnt. Es sind erste Zeugnisse für jene Eindringlinge (kamen sie vom Balkan oder aus dem Kaukasus?), denen es gelingt, in dem nicht zentral organisierten Gebiet Fuß zu fassen. Doch die Eroberer brauchen relativ lange Zeit, bis sie sich durchsetzen können.

Das Althetitische Reich

Um 1800 unternimmt der Großfürst Anitta etliche militärische Kampagnen. Ihm gelingt es, mehrere Städte zu unterwerfen und so den ersten hetitischen „Staat" zu begründen. Er residiert in Nescha. Die Stadt Hattuscha macht er dem Erdboden gleich und belegt sie mit dem Bann: „Jeder König, der nach mir Hattuscha besiedelt, soll vom Wettergott vom Himmel erschlagen werden."

Doch Labarna Hattuschili I., der Begründer des sog. Althetitischen Reiches, wählte um 1650 v. Chr. gerade diese Stadt als seinen Regierungssitz. Von hier aus unternimmt er seine Eroberungszüge nach Südosten (Richtung Aleppo und Mesopotamien). Seine Nachfolger, allen voran sein Adoptivsohn und direkter Thronfolger Murschili I. – ihm gelang es sogar, Babel zu erobern – setzen die Expansionspolitik fort.

Das Neue Reich

Jedoch dieser rasch entstandene Hetiterstaat, zu dem viele eroberte, annektierte oder ins Vasallentum gezwungene Fürstentümer gehörten, hatte weder die Zeit noch die Kraft, um sich entsprechend schnell zu

96

konsolidieren. Hofintrigen, dynastische Querelen und Mißgunst trugen das ihre zu dem Auf und Nieder bei, das die Folgezeit prägt. Die Hetiter sind zwar immer noch in Nordsyrien präsent, doch die Auseinandersetzungen mit den Kaschkäern am Schwarzen Meer im Norden und dem Reich der Kizzuwatna am Mittelmeer im Südosten beanspruchen ihre ganze Kraft. Erst um 1460 v. Chr. gelingt ihnen mit König Tudchalija II., dem Begründer des sog. Neuen Reiches, ein Neuanfang. Zwar haben auch Tudchalija und seine Nachfolger noch genug in Kleinasien zu tun, doch sie wenden sich auch wieder Nordsyrien zu. Hauptstreitpunkt ist, wie früher schon, der Stadtstaat Aleppo, dessen Fürsten öfters die Front wechseln zwischen den Hetitern, dem Mitanni-Reich und den Kassiten in Babylonien.

Die Hetiter bauen ihre Macht vorsichtig aus. Zunächst stärken sie ihre eigene Staatsorganisation, dann schließen sie reihum Vasallenverträge mit kleinen Fürstentümern, denen sie dabei großzügig „Eigenständigkeit" zubilligen. Diese Politik führt zur inneren Befriedung. Sie ermöglicht den Kampf gegen zwei Weltmächte: die Hurriter von Mitanni und die Ägypter. Der hetitische König Schuppiluliuma I. wagt nach 1380 v. Chr. den Angriff. Er besiegt zuerst die Mitanni und macht aus ihrem Reich einen Rumpfstaat, den er als Puffer gegen die Assyrer nutzt. In Karkemisch und Aleppo setzt er seine Söhne als Vizekönige ein und ermöglicht so, durch teilweise Autonomie, das Funktionieren seines sehr komplexen Staatssystems. Er konnte die Früchte seiner Politik genießen.

links: Tudchalija IV., beschützt vom Gott Scharruma

rechts: Eine hetitische Treppe in Hattuscha

> Ich, die Sonne Schuppiluliuma, der Großkönig, der König des Hetiterlandes, der Kühne, der Liebling des Wettergottes . . . ich fiel in alle diese Länder im Laufe eines Jahres ein und eroberte sie für das Hetiterland. An der einen Seite habe ich das Gebirge Libanon, an der anderen den Eufratstrom zu meiner Grenze gemacht.

Geschichte einer unglücklichen Allianz

Die Südgrenze am Libanon kam durch eine merkwürdige Verwicklung zustande. Als in Ägypten Tutanchamon starb, schickte seine Witwe Anchesenamon eine Botschaft an Schuppiluliuma mit der Bitte, er möge ihr einen seiner Söhne als Gatten geben. Begründung: „Ich habe keine Lust, einen meiner Diener zu nehmen und ihn zu meinem Gatten zu machen." Der mißtrauische Hetiter witterte irgendeine Intrige, schickte aber doch einen Kämmerer nach Ägypten. Anchesenamon fühlt sich brüskiert: „Warum behauptest du: Vielleicht versuchen sie, mich irrezuführen? Wenn ich einen Sohn hätte, hätte ich dann an ein fremdes Land das geschrieben, was für mich und mein Land demütigend ist?" Sie wiederholt trotzig ihren Wunsch: „Gib mir einen deiner Söhne, dann wird er mein Gatte und König im Land Ägypten". Nun macht sich Fürst Zannanza als Pharao in spe auf den Weg nach Ägypten. Doch in Kanaan wird er von Ägyptern, die Anchesenamon den Pharaonenthron neiden, umgebracht. Die Hetiter vermuten eine geplante Falle und beginnen einen Eroberungszug, durch den sie ihren Herrschaftsbereich auf das Land Amurru bis zum Libanon ausdehnen.

Diese Grenze blieb auch unter der Herrschaft der Söhne Schuppiluliumas I. – Arnuwanda II. und Murschili II. – umstritten. Erst nach der Schlacht bei Kadesch am Orontes (1285?) resignieren die Ägypter unter Ramses II. Aber die Hetiter hatten in der Schlacht so starke Verluste erlitten, daß es um

Hetitische Gefangene nach einer ägyptischen Darstellung der Schlacht bei Kadesch

„Geburt des Sonnengottes", Elfenbeinrelief aus Chadatu (9. Jh. v. Chr.): Ägyptischer Einfluß in den hetitischen Nachfolgestaaten

1270 zu einem Friedensvertrag zwischen Hattuschili III. und Ramses II. kam. Die Hetiter brauchten diesen Frieden dringend. Denn abgesehen davon, daß ihr Staat nicht ausreichend konsolidiert war, daß kleine und große Vasallenstaaten bei jedem Regierungsantritt eines neuen Königs zur Rebellion aufrufen, wächst in Mesopotamien erneut die Macht der Assyrer.

Doch der Untergang des hetitischen Staates kam nicht von dort. Er kam – wenn man von der inneren Schwäche des Hetiterreichs absieht – aus dem Westen. Dort vollzieht sich eine in ihren Gründen noch nicht restlos geklärte Invasion. Die sog. Seevölker dringen unter dem Druck vom Balkan her in Kleinasien, Phönizien, Kanaan und Ägypten ein. Sie versetzen dem letzten hetitischen König Schuppilulijama II. und seinem Staat den Todesstoß.

Invasion der Seevölker vgl. S. 125

Auf den Trümmern des Reiches entstehen kleine Nachfolgestaaten, von denen mancher mehr luwische als hetitische Bevölkerung aufweist. Die wichtigeren: Meliddu, Karkemisch, Samal, Gurgum, Hattina, Aleppo, Koe, Tabal, Phrygien, Lydien und andere. Viele dieser Staatswesen, zumal die im nordsyrischen Raum gelegenen, geraten langsam aber unaufhaltsam unter aramäischen Einfluß. Sie werden schließlich, etwa 500 Jahre nach der Auflösung des hetitischen Staates, dem neuassyrischen Imperium einverleibt.

Zeittafel

Althetitisches Reich		Neues Reich	
1650–1620	Hattuschili I.	1460–1440	Tudchalija II.
1620–1590	Murschili I.	1440–1420	Arnuwanda I.
1590–1560	Hantili I.	1420–1400	Hattuschili II.
1560–1550	Zidanta I.	1400–1380	Tudchalija III.
1550–1530	Ammuna	1380–1340	Schuppululiuma I.
1530–1525	Huzzija I.	1340	Arnuwanda II.
1525–1500	Telipinu	1340–1310	Murschili II.
1500–1490	Alluwamna	1310–1280	Muwatalli
1490–1480	Hantili II.	1280–1275	Murschili III.
1480–1470	Zidanta II.	1275–1250	Hattuschili III.
1470–1460	Huzzija II.	1250–1220	Tudchalija IV.
		1220	Arnuwanda III.
		1220	Schuppulilijama

Grundordnungen

Es wäre übertrieben, würde man die Hetiter als Begründer einer eigenständigen Kultur bezeichnen. Der Beiname „Verwerter und Sammler" wird
ihnen eher gerecht. Ihre Sprache glichen sie weitgehend der ihrer Vorgänger in Kleinasien an. Ihre Schrift übernahmen sie aus der sumerischen
Keilschrift oder sie benutzten die Bildluwische Schrift. Jeden Gott eines
eroberten Landes oder eines Vasallenstaates nahmen sie unter ihre eigenen Götter auf. Ihre mythologischen Texte verdanken den Sumerern oder
Amoritern mehr als den Hetitern selbst. Auf den Gebieten der öffentlichen
Verwaltung, des Rechts und der Politik dagegen leisteten sie beachtliches.

Sumerische Schrift vgl. S. 12

Die Staatsführung war hierarchisch aufgebaut. Der König handelte im
Namen seines Gottes bzw. der Götter. Er war ein mit großer Macht ausge-
statteter Autokrat, doch er mußte auf den Pankusch – die allgemeine
Versammlung der Ältesten – und auf die Beamtenschaft hören. Wichtig,
wenngleich nicht restlos abgegrenzt, war die Stellung der Tawananna, der
Königinmutter. Offenbar besorgte sie nicht nur das Palastgeschäft und hielt
ein Auge auf die königlichen Güter, sondern nahm aktiv an der Politik teil.
Die Gemahlin Hattuschilis III., die berühmte Puduhepa, unterzeichnet den
Friedensvertrag zwischen den Ägyptern und dem Hetiterland zusammen
mit ihrem Mann. Auf der Silbertafel, auf der der Vertrag niedergeschrieben
wurde und uns in der ägyptischen Fassung erhalten blieb, fand sich ein
„Bild der Göttin des Hetiterlandes, die das Bild der Fürstin des Hetiterlandes umarmt, rundum eine Umrahmung mit dem Text: Das Siegel des
Sonnengottes von Arinna, des Herrn des Landes – das Siegel der Puduhepa, Fürstin des Hetiterlandes, Tochter des Landes Kizzuwatna, Priesterin
von Arinna, Herrin des Landes, Dienerin der Göttin."

Autokratie mit Einschränkung

100

Über die Rolle der Nebenfrauen wissen wir nur wenig. Dagegen ist sicher, daß der König für Politik und Verwaltung auf die Angehörigen seiner Großfamilie zurückgreifen konnte. Aus ihren Reihen rekrutierten sich die Priester und Schreiber, Generale und Vizekönige, Diplomaten, Finanziers und Steuerbevollmächtigte. Hetitische Prinzessinnen wurden als Ehefrauen von Königen in andere Länder geschickt – dynastische Ehen sollten Frieden und Freundschaft sichern. Die Beamtenschaft selbst war auf zentraler und lokaler Ebene organisiert; auf der letzteren spielte die Ratsversammlung aller Familienväter eine nicht unbedeutende Rolle.

Ihre international verzweigten Kontakte hätten es den Hetitern leicht ermöglicht, sich auf den Gebieten der Kunst oder der Architektur hervorzutun. Doch, Zufall oder nicht – größere Bauwerke oder hervorragende Plastiken original hetitischen Ursprungs wurden bisher kaum bekannt, obwohl schriftliche Quellen nicht selten von solchen sprechen. Von der hetitischen Literatur – sie vermittelt fast ausschließlich religiöses oder mythisches Gedankengut – wissen wir mehr.

Die Religion der Hetiter war polytheistisch; sie wurde zum Sammelbecken vieler Kulte. Ohne daß man sie im geläufigen Sinn des Wortes als synkretistisch bezeichnen könnte, wirkten in ihr verschiedene Komponenten, die die Geschichte diesem Volk aufgezwungen hat. Sicherlich war der protohetitische (d. h. chattische) Einfluß der wichtigste, doch auch palaische, luwische, hurrische und assyrische Einflüsse, Bräuche und Vorschriften spielen eine Rolle. Die Hetiter übernahmen sie in ihr eigenes Recht, und den Göttern, die hinter diesen Gesetzen und Bräuchen standen, huldigten sie in deren je eigener Landessprache. Auf diese Weise versucht man, fremde Götter für sich zu gewinnen und ihre Nähe zu erfahren. Der Gedanke an eine Offenbarung ist dem hetitischen Geist völlig fremd. Man erfragte den Willen der Götter durch Orakel; ihre Gunst erfuhr man im eigenen Wohlergehen – das man ja vom Wohlwollen eines Gottes, von seinem Nicht-verärgert-sein abhängig glaubte. Den größten Wert legte man auf die genaue Beachtung der Riten, denn sie stellten die Parahandandatar her – Gerechtigkeit Gottes und des Menschen.

Götter und Menschen

Die Hetiter haben „tausend Götter" für sich in Anspruch genommen. Doch die Zahl ist zu niedrig: Jeder Berg, jede Quelle, jeder Fluß ist ein Gott. Jede Stadt hat ihren eigenen, in jeder Naturerscheinung glaubte man einen Gott wirksam. Kein Wunder, daß man bald versuchte, die Welt der Götter systematisch zu erfassen. Dies war unerläßlich, denn es zählte zu den schwersten Vergehen, einen Gott beim Gebet zu vergessen oder ihn bei irgendwelchem Ritus zu vernachlässigen; dies vor allem, wenn es um eine Sache ging, für die gerade dieser Gott zuständig war. So zählt König Murschili II. in einem Pestgebet alle Götter der Städte auf, in denen die Krankheit grassiert.

> O Götter, meine Herren, allgewaltiger Wettergott, beide Herren der Stadt Lanta, Ijarri, Götter von Hattuscha, Götter von Arinna, Götter von Zippalanda, Götter von Tuwananuwa, Götter von Hubischna, Götter von Durmitta, Götter von Ankuwa, Götter von Schamuha, Götter von Schahuischscha, Götter von Scharischscha, Götter von Hurma, Götter von Hanhana, Götter von Karahna, Götter von Ellaja, Kamruschepa, von Taniwanda, Götter von Zarruischa, Wettergott von Lihzina, Schutzgott des Heeres des Vaters ‚Meiner Sonne', der von Marraschantija, Ulilijaschschi, von Parmanna, Götter von Kattila, Wettergott von Haschuna, Götter von Muwa, Götter von Zazzischa, Götter Telipinu . . .".

Oft handelt es sich um ein und denselben Gott, der an verschiedenen Orten verehrt wird (Ortshypostasen; wie später z. B. Artemis von Ephesus, von Athen etc.). Manchmal erfahren wir nicht einmal den hetitischen Namen des Gottes, weil man, der Bequemlichkeit halber, statt des hetitischen Namens ein sumerisches Ideogramm schrieb.

Die Familie der Götter

Der „Sonnengott des Hetiterlandes" stand zunächst an erster Stelle, doch er mußte später dem „großen Wettergott" weichen. Dieser Wettergott Tarhunt, bekannter unter seinem hurrischen Namen Teschub, wird als Stier dargestellt und der Sonnengöttin von Arinna (hurrisch Hepat) zugeordnet. Mit ihr bildete er eine Großfamilie mit Söhnen und Enkeln – ein im wahren Sinn des Wortes ideales Vorbild für die königliche Großfamilie. Den hetitischen Theologen freilich wollte es nicht gelingen, alle Götter in diesem Familienverband unterzubringen und eine hierarchische Pyramide aufzustellen. Es gab ja auch noch verschiedene Kriegsgötter, Schutzgottheiten von Städten und einzelnen Personen, Gottheiten des Kosmos und der Unterwelt.

An der Spitze der Astralgottheiten steht die Sonne. Man verehrte sie unter zwei Aspekten: als den Gott des Himmels und als die Sonnengöttin der Erde. Die unter dem hurrischen Namen bekannte Göttin Schawuschka (gleichzusetzen mit der ninivitischen Göttin Ischtar) repräsentiert den Venusstern. Sie ist männlich und weiblich zugleich und erhält dadurch im hetitischen Pantheon Eigenständigkeit und Unabhängigkeit. Sie hält wenig von Kindern und umgibt sich lieber mit Göttinnen, die als ihre Hilfsgeister gelten und nach ihrem Willen am Menschen handeln: Ninatta und Kulitta etwa bringen Glück, Ali oder Halzari Unglück.

In der Unterwelt

In der Unterwelt regieren Lelwani (= Allani = Allatum = Ereschkigal), eine Göttin, die merkwürdigerweise auch für die menschliche Gesundheit zuständig ist, und die Sonnengöttin der Erde, d. h. die Sonne, die in der Nacht die Unterwelt durchwandert. Nach hetitischer Auffassung war es die Sonne, einzig die Sonne, die die Wahrheit des Tages und die der Nacht kennt. Keiner der bisher bekannten hetitischen Texte gibt Auskunft darüber, wie man sich die Entstehung der Welt der Götter und der Menschen vorstellte. Sicher ist nur, daß der Mensch den Göttern dienen muß, wenn er

Ein Bildnis des Mond-
gottes und des Sonnen-
gottes aus Karkemisch

sein diesseitiges Glück – und nur dieses zählt, denn die Existenz in der Unterwelt ist düster und finster – erreichen will.

Man stellt sich die Götter als ins Überdimensionale versetzte Menschen vor und kann darum von ihnen wie von Menschen Zuwendung oder Zorn, Hilfe oder Schicksalsschlag erwarten. Der Hetiter muß sich gut mit seinen Göttern stellen. Er redet mit ihnen von Mensch zu Mensch. Er versichert sein Vertrauen: „Gott, wie Vater und Mutter bist du mir." Er bekennt seine Sündhaftigkeit: „O Wettergott des Hetiterlandes, mein Gebieter, Götter, meine Herren, es ist doch immer dasselbe: man verfehlt sich ständig." Er läßt keinen Zweifel daran, daß er seine Fehler wiedergutmachen will, wenn er nur wüßte, womit er sich vergangen hat.

**Gespräche
mit den Göttern**

Möge nun mein Gott mir sein Herz und seine Seele aufrichtig auftun, mir meine Verfehlungen nennen, damit ich sie erkenne. Oder möge mein Gott sie mir im Traum offenbaren. Möge mein Gott mir sein Herz auftun und mir meine Verfehlungen nennen, damit ich sie erkenne. Oder möge mir die Wahrsagerin Auskunft geben, oder aber der Wahrsager des Sonnengottes sie mir durch die Leberschau offenbaren. Möge mein Gott mir sein Herz und seine Seele aufrichtig auftun, mir meine Verfehlungen nennen, damit ich sie erkenne!

Es galt, den Kontakt zu den Göttern aufrechtzuerhalten; dazu dienten Gebete und kultische Handlungen. Die größeren Heiligtümer im Land hatten ihre eigenen Feste. Sie wurden von der zahlreich vorhandenen Priesterschaft, oft unter der Leitung des Königs oder der Königin, veranstal-

Opfer und Fest

103

tet. Dabei opferte man Naturalien, Tiere, aber auch, wie etwa beim Herbstfest, Menschen. Die Hetiter kannten vielerlei kultische Riten zu den verschiedensten Anlässen. Manchmal wurden sie, eher formlos, in Naturheiligtümern, bei einem Stein oder einem steinernen Altar im Freien durchgeführt, manchmal genau nach Vorschrift.

> Wenn einer in der Krise steckt, soll er vor den Göttern Rechtfertigung suchen. Er soll auf dem Dach des Tempels, gegenüber dem Sonnengott, zwei gedeckte Opfertische aus Flechtweide aufstellen. Einen Opfertisch soll er für die Sonnengöttin von Arinna aufstellen, einen Opfertisch soll er für die Götter aufstellen. Er soll bereitlegen: fünfunddreißig Opferbrote, eine Portion Dinkelmehl, Memal(?), Honig; mitten dazwischen ein Gefäß mit feinem Öl, fettem Backwerk, eine Schale mit Memal(?), dreißig Krüge Wein.

Bei den Hetitern wurde viel gefeiert und viel gebetet. Gerade die Gebete zeigen uns, wie diese Menschen dachten und fühlten: nüchtern-vernünftig argumentieren sie mit ihrem Gott; wie etwa Murschili II. bei einer langandauernden Pestkatastrophe: „Laßt doch ab, zwanzig Jahre Pest genügt!" Der König will die Götter überzeugen, daß sie ihm nicht alles anlasten dürfen. Denn, wenn die Verfehlung nicht durch den Täter gesühnt war, konnte der göttliche Zorn auch die Nachkommenschaft des Sünders treffen, die unter Umständen von der Missetat nichts wußte. So hat der fromme Murschili II. viel Mühe, bis er endlich erfährt, daß die Götter ihm wegen des Mordes grollen, den sein Vater an Tudchalija III. begangen hat.

> Götter, meine Herren, hört meine Worte! Ich habe nichts Böses getan, und diejenigen, die damals das Übel begangen, gesündigt haben, gibt es nicht mehr, sie sind längst gestorben. Aber da diese Sache meines Vaters mich traf . . . ich werde großzügig für Geschenke und Wiedergutmachung sorgen, also habt doch Erbarmen mit mir!

Derselbe König Murschili läßt einen Schreiber tagtäglich ein Gebet sprechen, in dem das Verhältnis zwischen Gott und Mensch eindrucksvoll zur Sprache kommt.

Ein tägliches Gebet

> O Telipinu! Vorzüglicher, verehrungswürdiger Gott! Murschili, der König, dein Knecht, und die Königin, deine Magd, haben mich gerufen und mich beauftragt: Geh, bewege Telipinu, unsren Herrn, unsren persönlichen Schirmherrn. Vorzüglicher Telipinu, ob du oben im Himmel bist unter den Göttern, ob du zum See gegangen oder in den Bergen wanderst oder in ein Feindesland zum Kampf gezogen bist: Möge jetzt der liebliche Duft, der Wohlgeruch des Zedernholzes, der Rauch des Fettes dich anlokken. Kehre doch zurück in deinen Tempel! Ich will dich bewegen, dich mit Opferbrot und Trankspende sättigen. Bei meinen Worten

neige dein Ohr zu mir, o Gott, und hör auf meine Worte! Du bist Telipinu, verehrungswürdiger Gott. Nur im Hetiterland hast du, Gottheit, festgebaute Tempel. In keinem anderen Land besitzt du sie. Im reinen, heiligen Hetiterland feiert man Opfer dir zu Ehren. Einzig im Hetiterland hast du mit Gold und Silber verzierte Tempel. In keinem anderen Land gibt es Vergleichbares für dich. Nur im Hetiterland hast du Becher, hast Weintrinkgefäße, aus Silber, aus Gold, aus Edelsteinen. In keinem anderen Land gibt es Vergleichbares für dich. Nur im Hetiterland gibt es Feste – Monatsfeste, Neujahrsfeste, Winterfeste, Frühjahrsfeste, Herbstfeste . . . dir zu Ehren. In keinem anderen Land gibt es Vergleichbares für dich. Deine Gottheit, Telipinu, wird im Hetiterland verehrt!

Die Hetiter und das Alte Testament

Das Volk der Bibel hatte nie einen direkten Kontakt mit dem Hetiterland. Gewiß, die Hetiter werden in der Bibel nicht nur einmal erwähnt. Etwa als Abraham die Höhle Machpela kauft (Gen 23,3–20), als Esau (Gen 27,46) oder Salomo (1 Kön 11,1) Hetiterinnen heiraten. Doch keiner der im Alten Testament erwähnten „Hetiter" gehört zum ethnopolitischen Hetitervolk, von dem bisher die Rede war. Manchmal bezeichnen die alttestamentlichen Schriftsteller die Urbevölkerung des kanaanäischen Berglandes als „Hetiter"; an anderen Stellen werden Bewohner Nordsyriens nach dem Untergang des eigentlichen Hetiterreiches „Hetiter" genannt. Einen hetitischen Einfluß auf die – spätere – Bibel gibt es nur im Rahmen der allgemeinen politischen und kulturellen Entwicklung im Nahen Osten im 2. Jahrtausend v. Chr. Dies gilt auch für jene Fälle, in denen einige Gelehrte meinen, eine direkte Abhängigkeit feststellen zu können. Ein Beispiel ist der Besuch Sauls bei der Totenbeschwörerin (1 Sam 28,3 ff). In diesem Abschnitt lassen sich sogar sprachliche Ähnlichkeiten feststellen. Das hebräische Wort ʾob = Totengeist, gleicht dem hetitischen abi = Totengeist, bzw. Loch in der Erde, durch das die Verbindung mit der Totenwelt hergestellt wurde. In demselben Text hat das hebräische Wort ʾelohim (= Gott) ähnlich wie im Hetitischen die Bedeutung „Geist". Dort wird öfters von Verstorbenen, vor allem von Königen gesagt: Als NN Gott (= Totengeist) wurde . . .

Ähnlichkeiten zwischen den Hetitern und der Bibel lassen sich auch im Rechtswesen, hauptsächlich in der Form der Verträge, beobachten.

Wichtigere Bibelstellen

Gen 10,15; 15,20; 23,3–20; 25,9 f; 26,34; 27,46; 36,2; 49,29–32; 50,13; Ex 3,8.17; 13,5; 23,23.28; 33,2; 34,11; Num 13,29; Dtn 7,1; 20,17; Jos 1,4; 3,10; 9,1; 11,3; 12,8; 24,11; Ri 1,26; 3,5; 1 Sam 26,6; 2 Sam 11,3 – 12,10; 23,39; 24,6; 1 Kön 9,20; 10,29; 11,1; 15,5; 2 Kön 7,6; 1 Chr 1,13; 11,41; 2 Chr 1,17; 8,7; Esra 9,1; Neh 9,8; Ez 16,3.45

Konkordanz

6. Die Hurriter, Horiter

Hurriter, Mitanni und die Geschichte

Spuren

Die Hurriter sind ein rätselhaftes Volk. Ja es fragt sich, ob und ab wann man sie als „Volk" im eigentlichen Sinn bezeichnen kann. Als Bewohner des nordostmesopotamischen Berglandes erscheinen sie in der zweiten Hälfte des 3. Jahrtausends v. Chr. auf der Bühne der Geschichte. Selbst Nicht-Semiten, werden sie im Verlauf ihrer langsamen Infiltration nach Süden und Westen stark von semitischen Elementen durchdrungen; andererseits gibt es Hinweise auf eine breite, indoarische Oberschicht. Allen gemeinsam ist die hurrische (auch hurritisch genannte) Sprache, die vermutlich mit den sog. kaukasischen Sprachen – Urartäisch oder neuzeitlich Georgisch – verwandt ist. Auch ihre religiösen Vorstellungen lassen sich einem gemeinsamen Horizont einordnen. Die Quellen sind spärlich, so ist eine zuverlässige Darstellung der hurrischen Expansion nach Mesopotamien, Syrien und Anatolien nicht möglich. Doch es ist sicher, daß die Hurriter in den ersten Jahrhunderten des zweiten vorchristlichen Jahrtausends mehrere kleine Staaten bildeten: Mamma, Urkisch, Alzi, Ischuwa, Kizzuwatna, – und vor allem Mitanni.

Mitanni

Der Staat Mitanni (auch Maitani, Hurri, Hanigalbat, Naharina genannt) entstand im 16. Jh. v. Chr. und wurde im Lauf der Zeit politisch immer bedeutender. Auf dem Höhepunkt der Macht erstreckte sich Mitanni von Nuzi im Osten bis Alalach im Westen und hatte im internationalen Gespräch der damaligen Weltmächte eine gleichberechtigte Stimme. Die Hurriter profitierten von der Schwäche der Assyrer, Hetiter und Ägypter, und knüpften später familiäre Bindungen zum ägyptischen Königshaus. Die Dokumente, aus denen wir die Geschichte dieses Staates erschließen, stammen allesamt aus weniger wichtigen Provinzzentren oder aus dem Ausland. Waschschukanni, die Hauptstadt des Mitanni-Reichs mit den dort zu vermutenden Archiven ist leider bis heute nicht entdeckt worden. So sind unsere Informationen fragmentarisch und einseitig. Hinderlich ist auch, daß die hurrische Sprache noch nicht ausreichend erschlossen ist. Dennoch läßt sich einiges über den Verlauf der Geschichte dieses Staates sagen.

Der erste historisch gesicherte König von Mitanni tritt kurz nach 1500 v. Chr. aus dem Dunkel der Geschichte. Er heißt Parattarna und herrscht schon damals über Nordmesopotamien und Syrien. Sein Staat ist kein

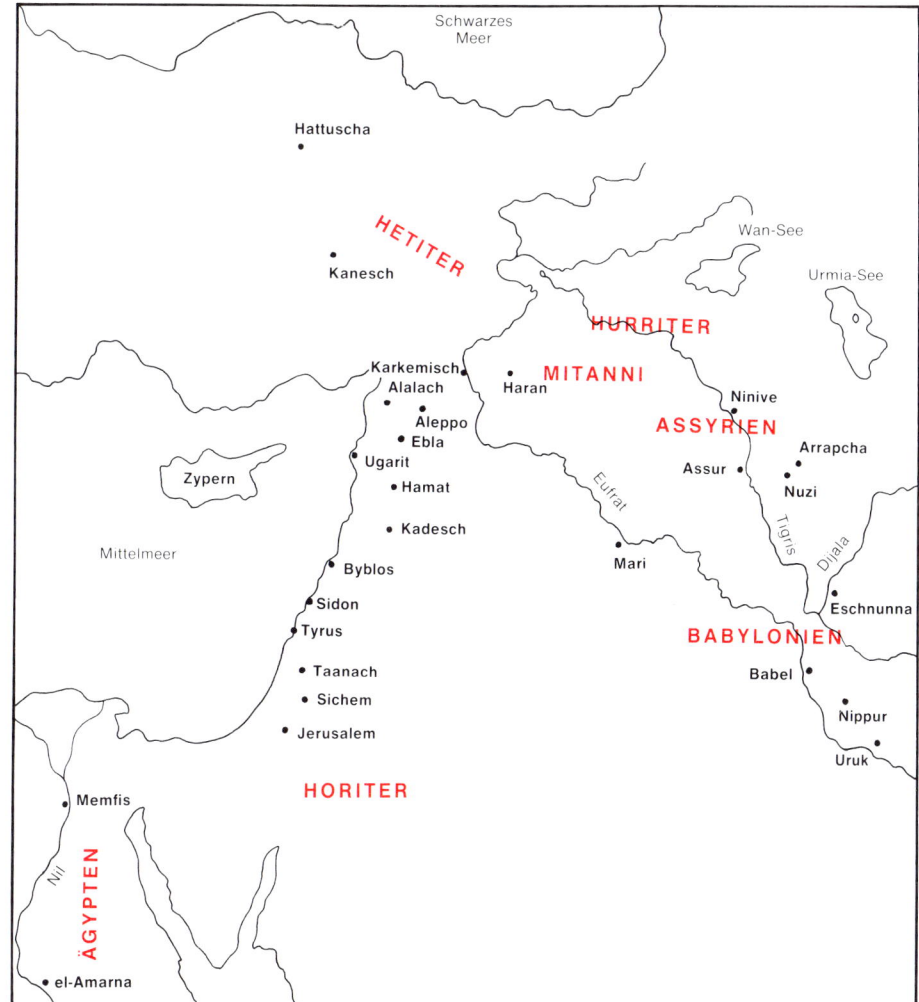

einheitliches Gebilde, sondern besteht aus verschiedenen Königtümern. Doch die berühmte Inschrift seines Zeitgenossen König Idrimi von Alalach weist darauf hin, daß es schon vor Parattarna ein organisiertes Staatswesen gab.

Sieben Jahre lang war mir Parattarna, der mächtige König, der König der hurrischen Krieger, übelgesinnt. Im siebten Jahr schickte ich Anwanda zu Parattarna, dem mächtigen König, dem König der hurrischen Krieger, um ihn über die Verträge meiner Vorfahren zu informieren, daß meine Vorfahren mit ihnen verbunden waren, und daß unsere Handlungen den Königen der hurrischen Krieger genehm waren, so daß sie einen rechtsgültigen Vertrag miteinander schlossen.

Inschrift des Idrimi

107

Unter der Herrschaft des Parattarna und später des Sauschschatar gehörten mehrere Vasallen- und Satellitenstaaten zum mitannischen Machtbereich: im Westen und Nordwesten Kizzuwatna, Jamhad (Aleppo) und Mukisch (Alalach), im Osten Assyrien und Arrapcha. Hartnäckig versuchten die Hurriter nach Südsyrien und Palästina vorzudringen. Die ägyptische Hatschepsut, die sich nicht nach Asien, sondern nach Afrika hin orientierte, hinderte sie nicht. Ihr Rivale und Nachfolger Tutmosis III. hatte andere politische Vorstellungen. Er führte mehrere Feldzüge nach Palästina und Syrien, freilich mit wechselhaftem Glück. Auch sein Nachfolger Amenophis II. war nicht erfolgreicher. Doch mit ihm führte Mitanni nicht nur Kriege, sondern man begann, erste Friedensverhandlungen anzubahnen. Sie mündeten in einen Friedensvertrag zwischen Artatama von Mitanni und Tutmosis IV. von Ägypten. Schließlich entwickelte sich ein fast freundschaftliches Verhältnis zwischen den beiden Königshäusern. Schuttarna II. von Mitanni gab – wenn auch erst nach mehrmaligem Werben des Pharao – Amenophis III. seine Tochter Giluhepa zur Frau; seine Schwester weilte schon im königlichen Harem in Ägypten. Jahre später erinnert Tuschratta von Mitanni die Ägypter genüßlich an das Zögern seines Großvaters in dieser Angelegenheit: „Fünfmal, sechsmal schickte er hin, doch (Artatama) hat sie nicht gegeben. Erst als er zum siebten Male zu meinem Großvater hinschickte, hat er sie wohl oder übel hergegeben." Die Verhältnisse blieben freundlich. Ja man sorgte sich sogar um die gute Gesundheit des Bündnispartners. Schuttarna II. schickte das Götterbild Schawuschkas von Ninive, damit sie dem Pharao die Gesundheit zurückgebe. Zur Zeit Tuschrattas wurde das Götterbild ein zweitesmal auf die Reise geschickt. Der mitannische König gönnt Amenophis III. den Besuch der Göttin, doch er fürchtet, sie zu verlieren: „Schawuschka ist gewiß mein Götterbild, nicht das Götterbild meines Bruders."

Die Freundschaft mit Ägypten gab Mitanni Halt gegen die Angriffe des Hetiters Schuppiluliuma. Doch bald konnte Mitanni nicht mehr mit Ägypten rechnen; die religiöse Reform Echnatons band zu viele Kräfte im eigenen Land. Auf sich allein gestellt vermochten die Hurriter nicht, ihren Mehrvölkerstaat zusammenzuhalten. Sie verloren allen Besitz in Syrien an die Hetiter, auch Assyrien fiel ab. Mitanni erlebte dasselbe wie Österreich nach dem Ersten Weltkrieg: Nur das Kernland blieb den Hurritern erhalten, unter hetitischer Bevormundung. Nach 1350 v. Chr. herrschte in Mitanni politische und kulturelle Stagnation, bis es schließlich nach 1270 v. Chr. von Salmanassar I. zur assyrischen Provinz gemacht wurde und in diesem Reich aufging. Doch die Größe dieses Staates bleibt in der Geschichte noch lange unvergessen. Jahrhunderte später erwähnt Pharao Schischak (945–924 v. Chr.) Mitanni: „Für dich (Gott Amon) habe ich die Asiaten der mitannischen Armeen unterworfen."

Zeittafel

Könige von Mitanni	14. Jh.: Schuttarna II.
16. Jh.: Kirta	Tuschratta
Schuttarna I.	Artatama II.
15. Jh.: Parattarna	Mattiwaza
Sauschschatar	13. Jh.: Schattuara I.
Artatama I.	Waschaschatta
	Schattuara II.

Kultur in Mitanni

Aus der langen Geschichte der Hurriter und ihres Hauptstaates Mitanni blieben merkwürdig wenige Spuren eigenständigen Schaffens in Kunst und Literatur. Charakteristisch für Mitanni ist die Glyptik mit häufiger Darstellung von Fabelwesen, die Keramik und Glaserzeugnisse. Es deutet einiges darauf hin, daß die Glasgefäße um die Mitte des 2. Jahrtausends v. Chr. im hurrischen Bereich entstanden. Aber Wörter für Gebrauchsgegenstände, wie etwa Bett oder Stuhl, mußten die Hurriter bei den Sumerern entlehnen; ein Hinweis darauf, daß sie diese Gegenstände ursprünglich nicht kannten.

Vgl. Rollsiegel S. 14

Doch es fiel den Hurritern nicht schwer, die materielle Kultur anderer zu übernehmen und weiter zu entwickeln. Eine Liste, die Tuschratta von Mitanni anläßlich der Hochzeit seiner Tochter mit dem Pharao aufstellen ließ, zeigt deutlich, was in Mitanni zu Beginn des 14. Jh. als Reichtum galt: Pferd, Streitwagen, Siegel, Zügel, Dolch, Bogen, Messer, Schild, Sattel, Ring, Fußring, Halsreif, Perücke (aus Gold geflochten!), Schuhe, Gewand, Mantel, Bürste, Waschschüssel, Speer, Axt, Kamm, Flasche, Eimer, Löffel, Tisch, Kiste, Schale, Brotschaufel, Lendentuch, Tafeltuch, Steinbüchse, Panzer, Wurfspieß, Pfeil, Bettuch, Helm, Kopfbinde.

Zu den kulturgeschichtlich bedeutsamsten Leistungen von Mitanni gehört die Entwicklung der Pferdezucht und des Streitwagens; sie wird den *marjannu*, hurrischen Streitwagenkämpfern, zugeschrieben. Die Hurriter hielten ihr Spezialwissen nicht geheim. Wir kennen ein Handbuch der Pferdezucht (in einer deutschen Literaturgeschichte sinnigerweise „Trainingsanweisung für Wagenpferde" betitelt), das der Hurriter Kikkuli in hetitischer Sprache verfaßte.

Pferdezucht

Die Götter und ihre Welt

Die Hurriter stehen auf vielen Gebieten tief in der Schuld der Völker, über deren Territorien sie herrschten. Dies gilt auch für ihre Religion. Assyrer und Babylonier, verschiedene Völkerschaften Nordsyriens, Leute aus Nuzi im Osten und Alalach im Westen führten ihre Götter dem hurrischen Pantheon zu. Unter diesem Einfluß schrieben die Hurriter ihren ureigenen

109

Göttern (gehörten die indischen Götter Mitra und Varuna, Indra und die beiden Nasatyas dazu, die im Vertrag zwischen Schuppiluliuma und Mattiwaza angeführt werden?) neue Eigenschaften zu und stuften die Hierarchie dieser Götter neu. Wir wissen nicht, wie das im einzelnen vor sich ging. Nur die hurrische Götterwelt der Spätzeit läßt sich in etwa charakterisieren.

Gott Teschub und seine Familie

Teschub führt die Reihe der Götter an. Er ist der Wettergott; Blitz, Gewitter und Regen sind seine Macht. Seine heiligen Tiere sind die Stiere Scherri („Tag") und Hurri („Nacht"). Man stellt ihn dar wie er über die Berge schreitet, mit dem einen Fuß steht er auf dem Gipfel von Nanni (nicht identifiziert), mit dem anderen auf Hazzi, dem Zafon nahe bei Ugarit. Seine Gattin heißt Hepat (auch Hebat), eine ursprünglich nordsyrische Göttin. Scharruma gilt ursprünglich als Parhedros (göttlicher Gatte) der Hepat, später wird er als Sohn von Teschub und Hepat eingereiht. Als zweiter Sohn gilt Schimike, der Gott der Himmelssonne; seine Gemahlin war Aja. Auch Schawuschka (= die mesopotamische Ischtar) wird in einigen Texten dem Götterpaar Teschub und Hepat als Tochter zugeordnet. Diese Göttin des Krieges und der Liebe trägt je nachdem männliche oder weibliche Züge und wird an sehr vielen Orten als Lokalhypostase verehrt (wie übrigens auch fast alle anderen Götter).

Das Relief von Yazilikaya

Im Naturheiligtum in Yazilikaya, ganz in der Nähe der hetitischen Hauptstadt Hattuscha, ist eine Darstellung des hurrischen Pantheons erhalten. Das Flachbildwerk, das zur Zeit des hetitischen Königs Tudchalija (13. Jh. v. Chr.) in den Felsen gemeißelt wurde, zeigt zwei Reihen von Göttern, die einander zugewandt sind. Dank der eingravierten hurrischen Namen gelingt es, die meisten von ihnen zu identifizieren. In der männlichen Reihe stehen: Teschub, der Wassergott Ea, Schawuschka, der Mondgott Kuschuch, der Sonnengott Schimike, der Kriegsgott Aschtabi, die Schutzgottheit LAMA, die göttlichen Stiere Scherri und Hurri. In der weiblichen

Der Götterzug von Yazilikava

Reihe erkennt man Hepat, Scharruma, Allanzu, Hutena-Hutellura, Nabarki und wiederum Schawuschka. Die Muttergöttin Kubaba (die spätere phrygische Kybele) wird nicht erwähnt und auch der Vatergott Kumarbi, um dessen Person sich ein großer mythologischer Erzählzyklus rankt, fehlt.

Der Kumarbi-Mythos ist uns in hetitischer Sprache überliefert; er handelt von zwei Themenkomplexen. Im ersten wird vom Kampf der Götter um die Vorrangstellung im Himmel erzählt; die Darstellung ähnelt dem griechischen Chronos-Mythos, den Hesiod in seiner Theogonie schildert. Der zweite Komplex trägt den Titel „Das Lied von Ullikummi"; zu ihm gibt es eine, freilich nur in Fragmenten erhaltene, Parallele: „Das Lied von Hedammu".

Teschub gegen Ullikummi

Der Mythos erzählt die Geschichte des Kumarbi-Sohnes Ullikummi: Dem Wettergott Teschub war es gelungen, seinem Vater Kumarbi die Macht zu entreißen. Da zeugt Kumarbi mit einem Felsen einen Sohn aus Diorit. Damit er rasch und ungestört heranwachse, versteckt er ihn mit Hilfe der Götter Irschirra auf der Schulter des Weltriesen Ubelluri in der Unterwelt. Ullikummi-Diorit wächst gen Himmel und wird vom Gott Sonne erspäht, der es sogleich dem Teschub meldet. Teschub steigt, begleitet vom Bruder Taschmischu und der Schwester Schawuschka, auf den Berg Hazzi/Zafon. Er ist entsetzt, weint und schlägt mit dem Kopf gegen den Berg. Die draufgängerische Schawuschka, ganz Kurtisane, versucht auf ihre Art zu helfen:

> Harfe nahm sie und Tamburin,
> ein Lied begann sie zu singen.
> Schön singt Schawuschka,
> sie betört die Muschel, den Stein in Meerestiefe.
> Eine große Welle steigt vom Meer auf,
> spricht Schawuschka an:
> Für wen singst du?
> Für wen nimmst du süße Worte in den Mund?
> Er ist taub, er hört nichts.
> Seine Augen sind blind, er sieht nichts.
> Es ist kein Gefühl in ihm!
> Geh, Schawuschka, such deine Brüder,
> ehe Ullikummi gefährlich wird . . .

Es kommt zum Kampf. Teschub und seine Anhänger werden besiegt. Sie bitten den Gott Ea um Hilfe. Der geht in die Unterwelt und spricht mit dem Ungeheuer Ubelluri, auf den man „den Himmel und die Erde gebaut hatte". Er entdeckt Ullikummi und läßt ihn mit der Urschneide (einer Säge, mit der der Ur-Gott Himmel und Erde trennte) absägen. Das Lied – sein Schluß ist verloren – endet wahrscheinlich mit dem Sieg des Teschub.

„Menschliche" Götter

Die hurrischen Götter haben urmenschliche Eigenschaften: Sie weinen, haben Angst, reagieren auf weiblichen Charme, sie werden wütend, die Welt der Toten ist ihnen unheimlich, sie halten familiäre Bindungen, streiten, kämpfen (da beißt doch tatsächlich Kumarbi dem Gott Anu die Hoden ab und verschluckt sie!), sie ziehen alle Register der Psychologie, um sich gegen andere zu behaupten, bilden Gruppen und Fraktionen um, koste es was es wolle, eigene Interessen durchzusetzen. So sagt etwa der Gott Ea zum Gott Kumarbi: „Du häufst deine Weisheit gegen alle!"

Haben diese Götter die Welt und den Menschen erschaffen? Von der Schöpfung ist in den uns bekannten Texten nicht die Rede, doch man weiß, daß der Himmel und die Erde gebaut und dann mit einer Urschneide getrennt wurden. Der Mensch ist geschaffen, um den Göttern zu dienen und sie zu verehren. Sein Geschick hängt vom Wohlwollen und der Zuneigung der Götter ab. Aber auch von ihren Launen. Etliche Götter, wie etwa Ea, beanstanden diese Willkür:

> Warum rottet ihr die Menschen aus?
> Bringen sie den Göttern etwa keine Opfer dar?
> Verbrennen sie für sie kein Zedernholz?
> Wenn ihr die Menschen ausrottet, wird keiner die Götter ehren.
> Niemand wird Brot oder Trank opfern.
> Teschub, der mächtige Herr der Stadt Kummija,
> wird selber den Pflug ergreifen,
> Schawuschka und Hepat werden selber
> die Handmühle drehen.

links: Hurrische Steintafel aus Urkisch (um 2300 v. Chr.): Ältestes Zeugnis hurrischer Sprache

rechts: Schawuschka, gefolgt von ihren zwei Wesiren Ninatta und Kulitta

Die Hurriter und das Alte Testament

Es gibt keinen Grund, daran zu zweifeln, daß die Hurriter – sei es im Zusammenhang mit der Hyksosinvasion nach Ägypten (17. Jh. v. Chr.), sei es zur Zeit der Vorrangstellung des Staates Mitanni (nach 1500 v. Chr.) – in Palästina waren. Die Texte aus el-Amarna (14. Jh. v. Chr.) erweisen, daß die Könige von Jerusalem, Sichem und Taanach hurrische Namen trugen und daß die Ägypter Palästina als „Huruland" bezeichneten. Doch in der Bibel scheint keine authentische Erinnerung an diese Hurriter der Geschichte eingegangen zu sein. Sie spricht von Horitern (hebräische Entsprechung von „Hurriter") und meint damit die Bewohner des Gebiets südlich vom Toten Meer, d. h. Edom oder Seïr. Dort aber sind die echten Hurriter geschichtlich nicht nachweisbar. Überdies tragen die biblischen Horiter semitische, nicht hurrische Namen. Die Bibel bezeugt uns vermutlich eine literarische Tradition, die im Bemühen um eine systematische Darstellung der geschichtlich-geographischen Verhältnisse die Horiter in Edom ansiedelte (zuerst Gen 36,20–30, dann Gen 14,6 und Dtn 2,12.22).

Hurriter

Man versuchte auch, die Hurriter mit den Hiwitern zu identifizieren, die nach Gen 34,2 in Sichem, nach Jos 9,7 in Gibeon, nach 16 von 18 biblischen Bevölkerungslisten Kanaans allgemein im Westjordanland wohnten. Schon die griechische Übersetzung der Septuaginta trifft Gen 34,2 und Jos 9,7 diese Entscheidung. Sehr wahrscheinlich handelt es sich einfach um eine Verwechslung der Buchstaben Resch und Waw, die in hebräischer Schrift ziemlich ähnlich aussehen. Die Hurriter/Horiter sind nicht mit den Hiwitern identisch. Eher schon könnte man eine Verbindung der Hurriter zu den Jebusitern vermuten, denn in der Zeit von el-Amarna heißt ihr Herrscher in Jerusalem „Knecht der Hepat" und in 2 Sam 24,16 trägt ebenfalls ein Jerusalemer den hurrischen Namen „Herr" (ewri-ne, verballhornt zu Arauna/Ornan).

Hiwiter

Jebusiter

Trotz gewisser Ähnlichkeiten läßt sich noch nicht endgültig sagen, ob und wie weit einige biblische Bräuche ihre Parallele in hurrischen Texten finden; z. B. die Sklavenadoption beim Fehlen eigener Kinder (Gen 15,2 f), die Magd als gesetzliche Ersatzfrau (Gen 16,1–3), die Bedeutung von Götterbildern (Gen 31,19.30–35) oder die „Schwagerehe" (Dtn 25,5–10).

Wichtigere Bibelstellen

Horiter Gen 14,6; 36,20–30; Dtn 2,12.22

Jebusiter Gen 10,16; 15,21; Ex 3,8.17; 13,5; 23,23; 33,2; 34,11; Num 13,29; Dtn 7,1; 20,17; Jos 3,10; 9,1; 11,3; 12,8; 15,8.63; 18,16.28; 24,11; Ri 1,21; 19,11; 2 Sam 5,6.8; 24,16.18; 1 Kön 9,20; 1 Chr 1,14; 11,4.6; 21,15.18.28; 2 Chr 3,1; 8,7; Esra 9,1; Neh 9,8; Jdt 5,16; Sach 9,7.

Konkordanz

7. Die Aramäer

Israels Urahnen

Die Aramäer haben in der Erinnerung Israels einen festen Platz. „Mein Vater war ein heimatloser Aramäer" (Dtn 26,5), sagen die Späteren und bekennen sich so zu ihrer eigenen Herkunft. Dies Bekenntnis ist der Sache nach richtig, auch wenn der Name sich erst auf spätere Gegebenheiten stützen kann. Denn die Aramäer, die vom 12. Jahrhundert v. Chr. an ihren Part in der Geschichte spielen, stammen tatsächlich aus dem breiten Umkreis von Haran. Aus jener Gegend also, die Abraham irgendwann in der ersten Hälfte des 2. Jahrtausends v. Chr. verließ, um in das Land Kanaan zu ziehen, das ihm sein Gott versprochen hatte (Gen 12,4). In jener frühen Zeit

Wanderhirten

wird zwar der Name Aram – vor allem als Personenname – ein paarmal erwähnt, doch sichere Nachrichten über die Aramäer verdanken wir erst dem Assyrer Tiglatpileser I. (12./11. Jh.), der sich rühmt: „Achtundzwanzigmal kämpfte ich gegen die Achlamu und die Aramäer" (vgl. S. 64). Diese semitischen Aramäer sind keine Stadtleute, sondern Nomaden, die einzeln oder in Gruppen ziehen; nomadisierende Dorfbewohner und Wanderhirten, die als Sippe oder in Koalitionen auftauchen: die Achlamu, die Sutäer, die Banu-Jamina usw.

Die aramäische Explosion

Im 12. Jahrhundert v. Chr. ereignet sich die „aramäische Explosion": Unerwartet erscheinen die Aramäer in größeren Verbänden in Nord- und Südsyrien und – über ganz Mesopotamien hinweg – im früheren Sumer am Persischen Golf. Diese „Explosion" hat unterschiedliche Auslöser. Eine vom Nordiran und dem ägäischen Raum ausgehende neue Welle von Expansionsdruck erschüttert die bis dahin geltende Struktur der Völker. Dazu kommt eine Hungerkatastrophe enormen Ausmaßes, die die wandernden Aramäer zwingt, sich ihr Brot in reicheren Regionen zu suchen. Sie breiten sich in alle Richtungen aus und werden zum ernsthaften Hindernis zwischen Mesopotamien und dem Westen. Die Assyrer erkennen die Gefahr, doch zunächst können sie sich ihrer nicht erwehren. Im 11. und 10. Jahrhundert expandieren die Aramäer weiter. Sie bilden kleine Staaten im Gebiet zwischen dem Jordan und dem Unterlauf des Eufrat; ein aramäischer Usurpator, Adad-Apal-Iddina, erringt sogar den babylonischen Thron. Assyrien findet sich plötzlich in einer aramäischen Zange. Am Persischen Golf sitzen die aramäischen Stammesverbände Bit-Jakini, Bit-Amukkani, Bit-Dakuri. Nordsyrien wird von den Bit-Halupe, den Bit-Bachjan, den Bit-

Adini und Samal beherrscht. Im Gebiet zwischen Mari, Haran und Hamat leben Stämme, die die Bibel zusammenfassend als Aram-Naharajim („Aram zwischen den zwei Flüssen") bezeichnet. In der Region östlich des Libanongebirges kennt die Bibel die Aramäer von Bet-Rehob, Zoba und Maacha; dazu kommen nördlich des Sees von Galiläa die Aramäer von Geschur und schließlich die um Damaskus. Vielleicht war diese Zange unwirksam, weil sie aus zu vielen Gliedern bestand. Sie schloß sich jedenfalls nie.

Die Chaldäer

Trotzdem brachten es die Aramäer Südbabyloniens, Chaldäer genannt, ziemlich weit – wohl weil sie imstande waren, sich mit ihrer Umwelt zu arrangieren. Doch ihren Weltruhm verdanken diese aramäischen Chaldäer, die sich nach Norden ausbreiteten, weder Merodach-Baladen (vgl. S. 66), noch der Tatsache, daß sie im Neubabylonischen Reich (625–539 v. Chr.) die führende Schicht stellten, sondern ihren Priestern, Astrologen, Magiern und Sterndeutern. Ihr Ruf und Ruhm wirkt über die Kindheitsgeschichte Jesu (Mt 2) bis in das Mittelalter nach. Die Aramäer im Westen, gleich ob sie in ihrer Urheimat zwischen Haran und Tadmor oder als Nachbarn Israels lebten, konnten nicht so lange standhalten wie ihre östlichen Verwandten.

Kriege zwischen Israel und Aram

Doch sie machten es keinem ihrer Gegner leicht. König David etwa führte mehrere siegreiche Feldzüge gegen die Aramäer, das Volk, aus dem seine eigenen Urahnen stammten (vgl. Gen 25,20). Er unterwarf sich die aramäischen Königtümer von Bet-Rehob, Zoba und Damaskus (2 Sam 8,3–12; 10,6–19) und sicherte so die Nordostflanke seines Reiches. Sein in Sachen Weisheit hochgelobter Sohn Salomo dagegen sah unfähig und untätig zu,

„Der Löwe aus Damaskus" (10. Jh. v. Chr.): Ein frühes Beispiel aramäischer Kunst

wie das Reich Damaskus zu einer Assyrien vergleichbaren Großmacht aufsteigt (1 Kön 11,23–25). Die Aramäer ihrerseits interessierten sich nicht sonderlich für die Auseinandersetzung mit Israel. Ihr Bestreben galt der Abwehr assyrischer Angriffe, der Wahrung des Besitzstandes in Bezug auf Abgaben, die ihnen die Kaufleute im Handel zwischen Ost und West zu leisten hatten und letztlich der Eroberung Assyriens. Mit den getrennten Reichen Israel und Juda schlossen sie kurzlebige Zweckbündnisse. Ben-Hadad von Damaskus etwa war zunächst mit Israel verbündet; später aber, als ihn Asa von Juda (911–871 v. Chr.) besser bezahlte, verwüstete er den ganzen Norden Israels. Die Kämpfe zwischen Israel und Damaskus endeten mit wechselhaftem Glück. Einmal konnten sich die Aramäer das Recht auf Eröffnung einer Handelsniederlassung in Samaria erkämpfen, ein andermal muß Ben-Hadad zugestehen:

Die Städte, die mein Vater deinem Vater weggenommen hat, werde ich zurückgeben, und in Damaskus magst du dir Handels-niederlassungen errichten, wie mein Vater es in Samaria getan hat (1 Kön 20,34).

Für Damaskus war es wichtig, sich im Westen den Rücken freizuhalten, um den von Osten anbrandenden Angriffen der Assyrer standhalten zu können. Sie kamen regelmäßig wie Meereswellen. Salmanassar III. von Assyrien (859–824 v. Chr.) berichtet ausführlich über seine Feldzüge gegen die Aramäer und ihre Verbündeten:

Hani aus Samal, Sapalulme aus Hattina, Ahuni, der Mann aus Adini, Sangara aus Karkemisch haben sich zu einer Koalition zusammengeschlossen, für den Krieg gerüstet und sich gegen mich empört. Ich habe sie bekämpft dank der überwältigenden Macht Nergals, meines Führers, dank der unwiderstehlichen Waffen, die mir mein Herr Aschschur gegeben hat. Ich habe ihnen eine Niederlage bereitet. Ich erschlug ihre Krieger mit dem Schwert, fiel über sie her wie Adad, wenn er den Gewitterregen niederprasseln läßt. Im Graben habe ich sie aufgehäuft, mit den Leichen ihrer Soldaten habe ich die breite Ebene gefüllt, mit ihrem Blut habe ich die Berge gefärbt wie rote Wolle. Ich habe ihm viele Streitwagen und geschulte Pferde weggenommen. Vor seiner Stadt habe ich Schädelhaufen aufgerichtet, die Städte zerstört, geschleift, niedergebrannt.

Einem anderen Bericht desselben assyrischen Königs verdanken wir die Nachricht, daß auch Israel sich an aramäischen Koalitionen gegen Assyrien beteiligte, und, wenn die Zahl stimmt, stellte König Ahab das größte Streitwagenkontingent:

Ich verließ Aleppo und näherte mich den beiden Städten des Irhuleni aus Hamat. Die Städte Adennu, Barga sowie seine königliche Residenz Argana habe ich erobert. Seine Kriegsbeute und alles aus seinen Palästen habe ich weggenommen und die Paläste in Brand gesetzt. Ich verließ Argana und näherte mich Karkara. Ich habe Karkara, die königliche Residenz, zerstört, geschleift, niedergebrannt. Er hatte zu seiner Hilfe zusammengezogen: 1200 Streitwagen, 1200 Reiter, 20 000 Mann Fußvolk von Hadadeser aus Damaskus; 700 Streitwagen, 700 Reiter, 10 000 Mann Fußvolk von Irhuleni aus Hamat; 2000 Streitwagen, 10 000 Mann Fußvolk von Ahab, dem Israeliten; 500 Soldaten aus Koë; 1000 Soldaten aus Musur; 10 Streitwagen, 10 000 Soldaten aus Irkanata; 200 Soldaten des Matinubali aus Arwad; 200 Soldaten aus Usanat; 30 Streitwagen, 10 000 Soldaten des Adunubalu aus Schianu; 1000 Kamele des Gindibu aus Arabien; (000) Soldaten des Basa, des Sohns des Ruhubi aus Amanus. Diese zwölf Könige haben zu einer großen Schlacht gegen mich ausgeholt.

Diese Schlacht wurde im Jahr 854 v. Chr. bei Karkar geschlagen, kurz vor Ahabs Tod. Will man die Aramäerkriege, die die Bibel (1 Kön 20 und 22) ihm zuschreibt, nicht mit König Joasch (797–782 v. Chr.) verbinden, müßte man annehmen, daß Ahab seine Politik freiwillig oder gezwungen, total umorientiert hätte. In den späteren Regierungsjahren Jorams, des Sohnes Ahabs (852–841 v. Chr.), kam es erneut zu aramäisch-israelitischen Kämpfen. Sie schwächten die Aramäer, so daß es nun den Assyrern gelang, die Gegend um Damaskus zu verwüsten. Doch als der Staat Salmanassars III. durch dynastische Kämpfe erschüttert wird, kann Hasaël von Damaskus aus sein Großreich errichten. Er erobert Ammon und Moab, bezwingt Israel und

legt Juda einen hohen Tribut auf. Voll Wehmut berichtet ein biblischer Chronist:

> Der Herr ließ vom Heer des Joahas nur fünfzig Wagenkämpfer, zehn Wagen und zehntausend Mann Fußvolk übrig. Alles andere hatte der König von Aram vernichtet und dem Staub gleichgemacht, auf den man tritt (2 Kön 13,7).

In diesen Zusammenhang gehört vielleicht die Geschichte Naamans, des Feldherrn des Königs von Aram (2 Kön 5), die sagen will, daß Israel trotz seiner Schwäche in jedem Fall Damaskus überlegen ist.

Gegen Ende des 9. Jahrhunderts erstarkt Assyrien wieder. Adadnirari III. (810–782 v. Chr.) macht Damaskus tributpflichtig; ein Sieg, von dem Israel nicht wenig profitiert. Aber dann gelingt es Rezin, dem letzten aramäischen König von Damaskus, eine antiassyrische Koalition zu bilden, **Antiassyrische Koalition** der auch König Pekach von Israel (der vermutlich auf Anstiften von Damaskus seinen Vorgänger ermordet hatte) beitritt. Weil König Ahas von Juda bei diesem Bündnis nicht mitmachen will, belagern die Aramäer und die **Belagerung Jerusalems** Israeliten Jerusalem. Der Prophet Jesaja versucht die politische Entscheidung seines Königs zu beeinflussen (Jes 7). Doch Ahas sucht den Schutz des assyrischen Königs Tiglatpileser III. und schickt ihm Tribut. Der Assyrer erobert Damaskus. Damit endet die Geschichte des aramäischen Groß-

reichs; sein Gebiet wird in assyrische Provinzen aufgeteilt. Wir schreiben das Jahr 732 v. Chr.

Aram steht unter der Herrschaft der Assyrer. Wie tief diese Herrschaft reicht, zeigt ein Satz des Königs Barrakib von Samal aus derselben Zeit: „Mein Herr Rakib-El und mein Herr Tiglatpileser haben mir den Thron meines Vaters zugewiesen." Der aramäische Gott Rakib-El und der assyrische König Tiglatpileser erwählen gemeinsam ihren Günstling zum König; sie haben den gleichen „gesellschaftlichen" Rang! Derselbe Barrakib scheint seinen Gott kurz danach vergessen zu haben. Wenn er sagt: „Mein Herr, der Baal von Haran", meint er den Mondgott Sin. Möglicherweise erbte Barrakib den servilen Geist von seinem Vater Panammuwa, der – ein

Die Stele des Barrakib von Samal (um 730 v. Chr.): Der König spricht mit seinem Schreiber

aramäischer Ahas – bei seiner Thronbesteigung Tiglatpileser III. um Hilfe gebeten hatte. Dieser Bitte stimmte der Assyrer gerne zu, doch Barrakib begriff die Zusammenhänge nicht einmal im Nachhinein. In einer Inschrift bedankt er sich bei Tiglatpileser III. und lobt zugleich seinen Vater, den Versager:

> Und er hat meinem Vater Panammuwa einen Platz zwischen den wohlhabenden Königen zugewiesen . . . Dank seiner Weisheit und seines Gerechtigkeitssinns ergriff er den Gewandsaum seines Herrn, des Königs von Assyrien . . . Wohl starb mein Vater Panammuwa zu Füßen seines Herrn, Tiglatpilesers . . .

Stele des Priesters Agbar (um 600 v. Chr.)

Die politischen Verhältnisse waren tatsächlich nicht leicht zu durchschauen. Es gibt zu viele Kleinfürsten, die eine überregionale Politik verhindern. Für sie zählen nur ihre „Huhn-im-Topf-Interessen", sonst nichts. Wenn zwei solcher Fürsten in einen Interessenkonflikt geraten, kann der Stärkere dem Schwächeren einen Vertrag aufzwingen, in dem er sich unter Übernahme der Folgen vernichtendster Flüche zur Treue verpflichten muß. Einen solchen Vertrag schloß Bargaja für Matijel von Arpad (ein Text, der deutlich macht, was die hebräische Bibel meint, wenn sie den Abschluß eines Vertrags als einen „Bund schneiden" bezeichnet):

Einen „Bund schneiden"

> Wie dieses Wachs im Feuer verbrennt,
> so verbrennt Matijel im Feuer.
> Wie dieser Bogen und diese Pfeile zerbrochen werden,
> so zerbrechen Anahita und Hadad den Bogen Matijels und den Bogen seiner Adligen.
> Wie diese Figur aus Wachs blind gemacht wird,
> so wird Matijel blind gemacht werden.
> Wie dieses Kalb zerschnitten wird,
> so wird Matijel zerschnitten, werden seine Adligen zerschnitten.

Auch die Namen aller möglichen Götter können in Vertragsformularen aufgeführt werden: Garanten zum Schutz der Abmachungen, Rächer bei Vertragsbruch.

Götter

Der Kriegsgott aus Samal (9. Jh. v. Chr.)

> Marduk und Zarpanitu, Nabu und Taschmetu,
> Erra und Nusku, Nergal und Laz,
> Schamasch und Nuru, Sin und Ningal,
> Götter der Wüste und des fruchtbaren Landes,
> Hadad von Aleppo, Sebettu,
> El und Eljan,
> Himmel und Erde und Unterwelt,
> Quellen . . .

Diese Liste kann ihren synkretistischen Ursprung nicht verleugnen. Die Aramäer paßten sich den Bräuchen der Regionen an, in denen sie lebten;

sie übernahmen auch die jeweiligen Götter und hatten anscheinend nie das Bedürfnis, ein eigenes theologisches System zu entwickeln. Und doch hatten sie Eigenständiges zu bieten. Aus der Bibel erfahren wir nicht nur von dem oben erwähnten Feldherrn Naaman (2 Kön 5,1–27), der vom Jahwismus angezogen wird, sondern auch vom judäischen König Ahas, dem Zeitgenossen des Propheten Jesaja (vgl. Jes 7,1), der sich ohne weiteres bereit findet, aramäische Kultbräuche (Altar, Opfer) in Jerusalem einzuführen.

> Als König Ahas . . . nach Damaskus kam und den Altar in Damaskus sah, schickte er dem Priester Urija ein Abbild und eine genaue Beschreibung des Altars. Daraufhin baute der Priester Urija einen Altar . . . Als dann Ahas nach seiner Rückkehr aus Damaskus den Altar sah, ging er zu ihm hin, stieg hinauf und verbrannte auf ihm sein Brand- und Speiseopfer, goß sein Trankopfer aus und besprengte den Altar mit dem Blut seiner Heilsopfer (2 Kön 16,10–13)

Sprache und Alphabet

Die Aramäer haben keine Religion und keinen Großstaat geschaffen. Sie wären in Vergessenheit geraten, wenn ihre Sprache nicht wäre und ihr Alphabet. In ihnen überlebten sie den nationalen Untergang. Noch heute wird in einigen Enklaven in der Gegend von Damaskus und Mosul Aramäisch gesprochen. Ihr Alphabet verdanken die Aramäer den Phöniziern. Sie bringen einige Abwandlungen an – und entwickeln es zum bekanntesten antiken Alphabet. Die „hebräische" Quadratschrift geht direkt auf die aramäische zurück. Im ganzen Vorderen Orient, von Ägypten bis Indien gilt das Aramäische als Verkehrssprache. Die Quellen schweigen beharrlich über die Gründe, die zu dieser Sprachexpansion führten. Vermutlich war es so, daß die Aramäer nach ihrer Übernahme des kanaanäischen Erbes in Nordsyrien ein Scharnier bildeten zwischen Mesopotamien einerseits und Kleinasien, Zypern und Ägypten andererseits, das weder die Ost- noch die Westleute bei ihrem Außenhandel umgehen konnten. Schon unter den Assyrern und Neubabyloniern entwickelt sich das sog. „Reichsaramäisch"; unter den Persern wurde es tatsächlich zu einer „lingua franca" der damaligen Welt. „Man" sprach aramäisch. Die Jerusalemer Beamten, die mit der Gesandtschaft des Sanherib (705–681 v. Chr.) zu verhandeln haben, können die Assyrer bitten:

Elfenbeinfigur eines Aramäers (um 800 v. Chr.)

> Sprich doch aramäisch mit deinen Knechten; wir verstehen es.
> Sprich vor den Ohren des Volkes, das auf der Mauer steht, nicht judäisch mit uns! (2 Kön 18,26).

Einige Teile der Bibel sind aramäisch verfaßt: Gen 31,47; Esra 4,8 – 6,18; 7,22–26; Dan 2,4 – 7,28; Jer 10,11.

Nach der Babylonischen Gefangenschaft (586–538 v. Chr.) wurde das Aramäische immer mehr auch die Sprache der einfachen Leute in Palästina. Die Muttersprache Jesu ist nicht hebräisch, sondern aramäisch.

Zeittafel

12./11. Jh.	Tiglatpileser I. kämpft gegen die Aramäer
11./10. Jh.	Angriffe der Aramäer gegen Assyrien. Entstehung aramäischer Kleinstaaten zwischen dem Persischen Golf und Palästina
Vor 875	Ben-Hadad I. in Damaskus
Um 854	Irhulini in Hamat
854	Schlacht bei Karkar
Vor 841	Ben-Hadad II. in Damaskus
841 und 838	Siege Salmanassars III. gegen Damaskus
Vor 797	Hasaël in Damaskus
740–732	Rezin in Damaskus
732	Tiglatpileser III. erobert Damaskus
721–710	Merodach-Baladan König von Babylonien
720 und 705	Aramäische Aufstände gegen Assyrien
625–539	Neubabylonisches Reich unter chaldäischer Führung

Wichtigere Bibelstellen

Konkordanz

Aram, Aramäer
Gen 10,22 f; 22,21; 25,20; 28,5; 31,20.24; Num 23,7; Dtn 26,5; Ri 10,6; 18,7.28; 2 Sam 8,3–13; 10,6–19; 15,8; 1 Kön 10,29; 15,18–20; 19,15; 20,1–43; 22,3.31; 2 Kön 5,1–27; 6,8 f.11.18.23; 7,4–16; 8,28 f; 9,14 f; 12,18 f; 13,3–7.17–19. 22–25; 15,37; 16,5–7; 24,2; 1 Chr 2,23; 7,34; 2 Chr 16,7; 24,23 f; 28,5.23; Ps 60,2; Jes 7,2–8; 9,11; 17,3; Jer 35,11; Hos 12,13; Am 1,5; 9,7

Aram-Naharajim (Mesopotamien)
Gen 24,10; Dtn 23,5; 1 Chr 19,6; Ps 60,2

Paddan-Aram
Gen 25,20; 28,2.5 f.7; 31,18; 33,18; 35,9.26; 46,15; 48,7

Chaldäa, Chaldäer
Gen 11,28.31; 15,7; 2 Kön 24,2; 25,4–13.24–26; Esra 5,12; Jdt 5,6; Ijob 1,17; Jes 13,19; 23,13; 43,14; 47,1.5; 48,14.20; Jer 21,4.9; 22,25; 24,5; 25,12; 32,4 f.24–29; 33,5; 35,11; 37,5–14; 38,2.18 f.23; 40,9 f; 51,24.35; 52,8.14.17; Ez 1,3; 11,24; 12,13; 16,29; 23,14–16.23; Dan 1,4; 3,8; 5,30; 9,1; Hab 1,6; Apg 7,4

Haran
Gen 11,31 f; 12,4 f; 27,43; 28,10; 29,4; 2 Kön 19,12; Jes 37,12; Ez 27,23; Apg 7,2.4

Hamat, Hamatiter, Lebo-Hamat
Gen 10,18; Num 13,21; 34,8; Jos 13,5; 2 Sam 8,9; 1 Kön 8,65; 2 Kön 14,25.28; 17,24; 18,34; 23,33; 25,21; 1 Makk 12,25; Jes 10,9; 11,11; 36,19; 37,13; Jer 39,5; 52,9.27; 49,23; Ez 47,16 f.20; 48,1; Am 6,2.14; Sach 9,2

Damaskus
Gen 15,2; 2 Sam 8,5 f; 1 Kön 11,24; 15,18; 19,15; 20,34; 2 Kön 5,12; 8,7.9; 14,28;
    16,9; 2 Chr 28,23; Jdt 1,7; 2,27; 1 Makk 11,62; 12,32; Hld 7,5; Jes 7,8; 8,4;
    10,9; 17,1.3; Jer 49,23–27; Ez 27,18; 47,16.18; 48,1; Am 1,3–5; 5,27; Apg
    9,2–27; 22,5–12; 26,12.20; 2 Kor 11,32; Gal 1,17

Maacha, Maachatiter
Dtn 3,14; Jos 12,5; 13,11.13; 2 Sam 10,6.8; 23,34; 2 Kön 25,23; 1 Chr 4,19;
    Jer 40,8

Geschur, Geschuriter
Dtn 3,14; Jos 12,5; 13,11.13; 2 Sam 3,3; 13,37 f; 14,23.32; 15,8; 1 Chr 2,23; 3,2

Zoba
1 Sam 14,47; 2 Sam 8,3.5.12; 10,6.8; 23,36; 1 Kön 11,23; 1 Chr 11,47; 18,3.5.9;
    19,6; Ps 60,2

8. Die Philister

Ein Volk aus dem Westen

Jedes deutsche Wörterbuch gibt Auskunft: ein Philister ist ein an der Westküste lebender Nachbar Israels, ein Spießbürger, ein Nichtstudierter, ein alter Herr in einer studentischen Verbindung. Die Philister müssen heute noch mit ihrem Namen für ziemlich Verschiedenes herhalten. Aber dieses „Glück" hatten sie von Anfang an.

Der Name „Philister" läßt sich mit keiner bekannten Sprache in Verbindung bringen und ebensowenig überzeugend erklären. Die hebräische Bibel spricht meist von Pelischtim, die Griechen sagen Philistiim und bei den Lateinern heißt diese Völkerschaft zumeist Philistaei. Ihrer Herkunft wegen verknüpft man den Namen des öfteren mit den Pelasgern, der Urbevölkerung Griechenlands und der Inseln im Ägäischen Meer. In der Bibel finden sich zwei klare Aussagen über das Stammland der Philister; beide zielen auf die Insel Kreta (hebräisch = Kaftor). Amos (9,7) sagt: „Wohl habe ich Israel aus Ägypten heraufgeführt, aber ebenso die Philister aus Kaftor und die Aramäer aus Kir." Dtn 2,23 heißt es: „Das gleiche geschah mit den Awitern, die in einzelnen Dörfern bis nach Gaza hin saßen. Die Kaftoriter, die aus Kaftor ausgewandert waren, vernichteten sie und setzten sich an ihre Stelle."

Die Gleichsetzung Kaftor = Kreta ist hier eindeutig, und auch geschichtlich und archäologisch gesehen einleuchtend. Doch wie könnte es anders sein: auch diese These wird bestritten. Manche meinen, mit dem Namen Kaftor sei Kappadozien in Kleinasien (was lautlich durchaus möglich ist) gemeint, oder auch Zilizien. Die Ansiedlung der Philister in Palästina (ihnen verdankt das Land diesen Namen) hängt, allen historischen Unsicherheiten zum Trotz, auf jeden Fall mit dem sog. „Seevölkersturm" um 1200 v. Chr. zusammen. Diese breite Bevölkerungsbewegung wurde wahrscheinlich durch das Vordringen einiger indogermanischer Stämme aus dem Mittleren Donauraum in den Südosten ausgelöst; ungünstige klimatische Verhältnisse und in ihrer Folge eine Hungerkatastrophe trugen das ihre bei.

Die erste geschichtlich zuverlässige Nachricht über die Philister verdanken wir einem Bericht Ramses' III. (1198–1166 v. Chr.), der seinen Sieg über die Seevölker schildert:

Name

Herkunft

Palästina

Seevölkersturm vgl. S. 41

125

Ein Bericht Ramses' III.

> Kein Land konnte gegen ihre Waffen bestehen: Hatti (= das Hetiterland), Kode (= Südosten Kleinasiens), Karkemisch, Arzawa (= Luwien/Zilizien in Kleinasien) und Alaschija (= Zypern) sind ganz weg. In Amurru haben sie ein Lager eingerichtet und die Bevölkerung des Landes gepeinigt, so daß das Land aussah, als hätte es nie existiert. Sie zogen gegen Ägypten her, ein Feuermeer kündigte sie an. Zu ihrem Bund hatten sich vereinigt die Philister, die Tscheker, die Schekelesch, die Denjer und die Weschesch. Sie haben alle Länder, soweit die Erde reicht, in Beschlag genommen und dachten selbstbewußt und voll Zuversicht: Wir schaffen es!

Man hat sich bemüht, die in diesem Text genannten Völker zu identifizieren. Demnach wären z. B. mit den Schekelesch die Sizilianer, mit den Denjern die Danäer gemeint. Doch sicher ist letzten Endes nur, wer die Philister waren. Denn nachdem die Pharaonen, zuletzt Ramses III., in einer

Die Philister:
„Die Fürsten der Philister versammelten sich, um ihrem Gott Dagon ein großes Opfer darzubringen" (Ri 16,23)

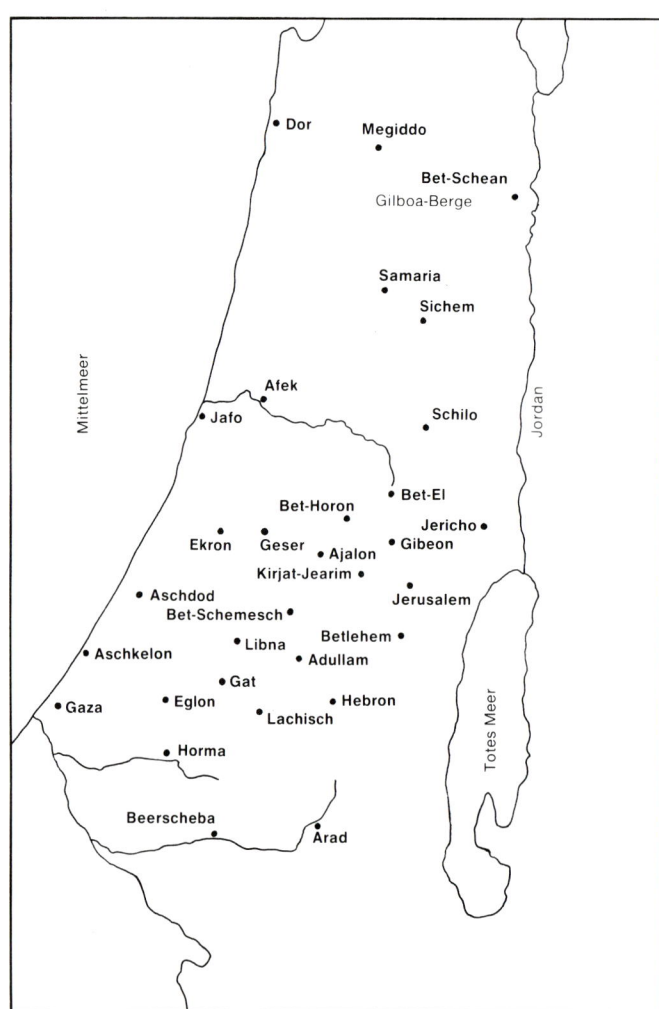

entscheidenden Schlacht auf dem Land und dem Meer die Seevölker niedergerungen hatten (vgl. S. 41), wurden die Philister als ägyptische Militärkolonien im Südwesten Kanaans angesiedelt. Offensichtlich hat man ihnen von Anfang an die später so genannte Pentapolis mit den fünf Städten Gaza, Aschkelon, Gat, Aschdod und Ekron zugewiesen. Die Quellen geben keine Auskunft über die Zahl der Philister und wir wissen nicht, ob sie die ansässigen Kanaaniter majorisierten, oder nur im Auftrag der Ägypter die füh-

126

Ein „Federkronenphili-
ster" aus einer ägypti-
schen Darstellung des
Kampfes Ramses' III.
gegen die Seevölker

rende Schicht stellten. Zunächst jedenfalls scheinen sie sich friedlich auf ihr Gebiet zu beschränken.

Zu der Zeit nahmen sich die Israeliten im kanaanäischen Gebirge ihr Land. Auch mit ihnen kam es nicht gleich zu Konflikten. Der Verdrängungs- kampf beginnt erst in der späteren Richterzeit (11. Jh. v. Chr.). Anfangs handelt es sich um harmlose Scharmützel, wie sie die Bibel in der volkstüm-

Israel und die Philister

127

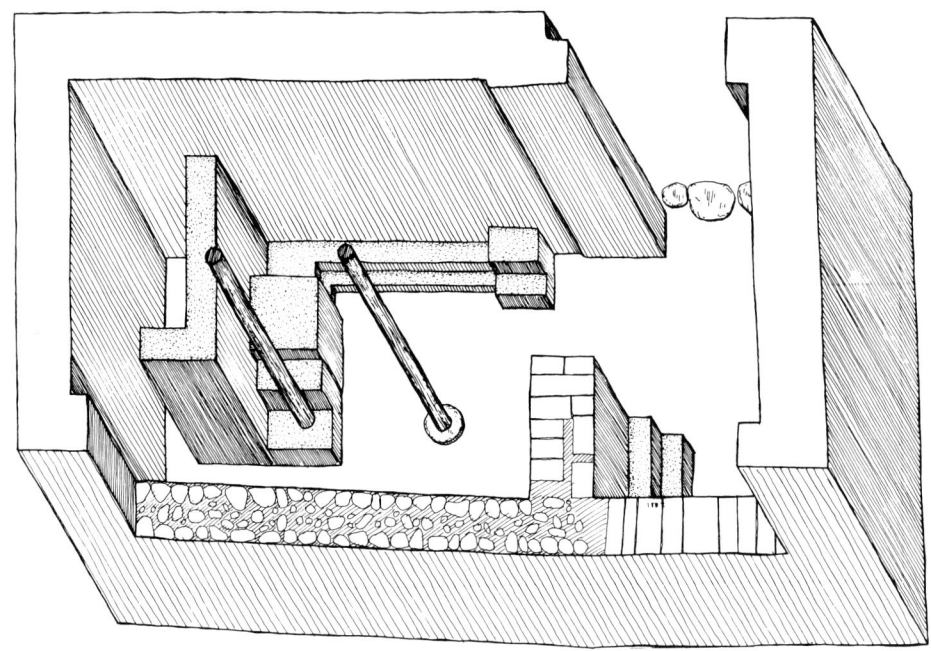

lichen Erzählung über Simson schildert (Ri 13 – 16). Doch im letzten Viertel des 11. Jh. wird der Konflikt blutiger Ernst. Die Philister sind militärisch überlegen, sie drängen nach Osten. Sie siegen in der Schlacht bei Afek, zerstören das Ladeheiligtum in Schilo, beherrschen das Land. Den ersten Rückschlag erleiden sie durch Saul (1020–1000 v. Chr.), den sie dann in der Schlacht von Gilboa vernichtend schlagen können (vgl. 1 Sam 31). David, ihrem früheren Verbündeten, gelingt es, sie aus dem judäisch-israelitischen Gebiet zu verdrängen und zum Stillhalten zu zwingen. Einige Philister dienen sogar als Söldner in Davids Heer.

Zu Beginn der Regierungszeit Salomos (961–931 v. Chr.) scheinen sich die Philister mit ihren früheren Herren in Ägypten angelegt zu haben. „Der Pharao, der König von Ägypten, war nämlich heraufgekommen, hatte Geser erobert und eingeäschert" (1 Kön 9,16). Die bis dahin philistäische (obwohl die Bibel sie ‚kanaanäisch‘ nennt) Stadt schenkt er seinem Schwiegersohn Salomo. Die Pentapolis ist im Begriff sich aufzulösen. Eine ihrer Hauptstädte, Gat, gehört schon seit Davids Zeit dem Stamm Juda. Nach der kurzen Unterwerfung durch Hasaël von Damaskus wird sie gegen Ende des 9. Jahrhunderts zurückerobert. Der judäische König Asarja (767–739 v. Chr.) läßt die Mauern von Gat, Jabne und Aschdod schleifen. Ja, der Prophet Amos sagt: „Der Rest der Philister wird verschwinden" (1,8). Doch die Macht der Philister ist noch nicht gebrochen. Zur Zeit des Ahas (734–728 v. Chr.) greifen sie mit ägyptischer Unterstützung Juda an und beteiligen sich an der antiassyrischen Revolte. Einzig der Tod des assyrischen Königs Tiglatpileser III. rettet sie vor dem Untergang; denn er hatte

Gaza schon erobert und der Herrschaft assyrischer Götter unterstellt, d. h. die Stadt voll dem assyrischen Reich eingegliedert.

Trotz ägyptischer Hilfe geraten die unruhigen Philister zunehmend unter assyrische Herrschaft. Zusammen mit den Ägyptern verlieren sie die wichtige Schlacht bei Rafia (etwa 25 km südlich von Gaza). Sargon II. (722–705 v. Chr.) erobert Aschdod:

> Azuri, der König von Aschdod, hat Intrigen geschürt, um den Tribut zurückzuhalten und hat die Könige in seiner Nachbarschaft zur Rebellion gegen Assyrien aufgestachelt. Wegen dieses Unrechts habe ich ihm die Herrschaft über die Bewohner seines Landes genommen und Ahimiti, seinen jüngeren Bruder, als König bestellt. Diese Hetiter aber, voller List und Ränke, haben seine Herrschaft abgelehnt und einen Griechen zum König bestellt, der weder ein Recht auf Herrschaft noch Achtung vor der Regierung hatte. In einem Eilmarsch . . . erreichte ich Aschdod, seine Hauptstadt, und belagerte die Städte Aschdod, Gat und Aschdod-Jamm. Die in ihnen wohnenden Götter, ihn selbst und die Bewohner seines Landes, sowie Gold, Silber und seinen persönlichen Besitz habe ich als Kriegsbeute beschlagnahmt. Die Verwaltung in diesen Städten habe ich neu geordnet und meinen Beamten als Statthalter eingesetzt und sie zu assyrischen Bürgern gemacht, damit sie mein Joch tragen.

In der Folgezeit wird den Philistern der letzte Rest ihrer Unabhängigkeit genommen, sie verlieren allmählich auch ihre nationale Identität. Frühere Philisterstädte wie Gaza, Aschdod oder Jabne spielen zwar später, in der persischen und hellenistischen Zeit, eine bedeutende Rolle, doch man kann sie nicht mehr zum Umkreis der philistäischen Kultur rechnen.

Philistäische Vorrats-krüge, entdeckt bei den Ausgrabungen in Tell Qasile (bei Tel Aviv)

Zeittafel

Nach 1200	Die Philister siedeln im Südwesten Kanaans
10. Jh.	Achisch in Gat
8. Jh.	Padi in Ekron
7. Jh.	Ikausu in Ekron
8. Jh.	Azuri in Aschdod
	Ahimiti in Aschdod
	Iamani in Aschdod
	Mitinti in Aschdod
7. Jh.	Ahimilki in Aschdod
8. Jh.	Mitinti in Aschkelon
	Rukibtu in Aschkelon
	Zidka in Aschkelon
	Sarruludari in Aschkelon
7. Jh.	Mitinti in Aschkelon
6. Jh.	Aga in Aschkelon
8. Jh.	Hanun in Gaza
7. Jh.	Zilbel in Gaza
Ende des 8. Jahrhunderts wird Philistäa assyrische Provinz	

Eigene Waffen – fremde Götter

Das Eisenmonopol

Die ursprüngliche Sprache der Philister war nicht semitisch. Der einzige (stark umstrittene) Hinweis auf ihre Verwandtschaft mit dem Pelasgischen/Griechischen besteht in der Tatsache, daß sie ihre Herrscher als seren (= Fürst, zu vergleichen mit dem griechischen tyrannos, daher im Deutschen: Tyrann) bezeichneten. Ähnlich wie die Israeliten übernahmen sie schnell die kanaanäische Landessprache und ebenso die Bräuche. Die weitreichende Unabhängigkeit einzelner Stadtfürsten begünstigte und beschleunigte diesen Vorgang. Doch die Philister brachten aus ihrer Heimat einiges mit, was ihnen einen Vorsprung vor anderen Bewohnern Kanaans sicherte. Vor allem verfügten sie über das Eisenmonopol.

> Damals war im ganzen Land kein Schmied zu finden. Denn die Philister hatten sich gesagt: Die Hebräer sollen sich keine Schwerter und Lanzen machen können. Alle Israeliten mußten zu den Philistern hinabgehen, wenn jemand sich eine Pflugschar, eine Hacke, oder eine Sichel schmieden lassen wollte (1 Sam 13,19 f).

Überlegenheit der Waffen: Goliat

Das bedeutet, daß die Philister nicht nur die Rüstung, sondern auch die landwirtschaftliche Entwicklung ihrer Nachbarn kontrollieren und steuern konnten. Im ersten Krieg zwischen den Philistern und Saul verfügte nur König Saul und sein Sohn Jonatan über Schwert und Speer (1 Sam 13,22)! Auf diesem Hintergrund erklärt sich die übertrieben-neidvolle Schilderung der Rüstung des Philisters Goliat:

> Auf seinem Kopf hatte er einen Helm aus Bronze, und er trug
> einen Schuppenpanzer aus Bronze, der fünftausend Schekel
> (= etwa 57 kg) wog. Er hatte bronzene Schienen an den Beinen,
> und zwischen seinen Schultern hing ein Sichelschwert aus Bronze.
> Der Schaft seines Speeres war so dick wie ein Weberbaum, und
> die eiserne Speerspitze wog sechshundert Schekel (= etwa 6,8 kg)
> (1 Sam 17,5–7).

Ein Beispiel sog. „phili-
stäischer" anthropo-
morpher Särge aus
Bet-Schean

Man könnte annehmen, daß der biblische Erzähler eine Weiterentwicklung der philistäischen Ausrüstung vor Augen hatte, wie sie Ramses III. in Medinet Habu nach gewonnener Schlacht darstellen ließ: die Kämpfer tragen Panzer und Rundschild, Schwert und Speere. Doch die Rüstung Goliats gleicht wohl eher der eines nordkanaanäischen Fürsten als der eines vorhomerischen Kriegshelden. Das charakteristischste an den Philistern in Medinet Habu ist ihre Kopftracht. Unglücklicherweise vermag bis heute niemand zu sagen, woraus sie eigentlich besteht: Handelt es sich um eine Federkrone, wie man sie bei den Lyziern in Kleinasien (aber auch schon bei den Sumerern!) findet, oder einfach um aufgebundene Kopfhaare?

Andere spezifische Merkmale der philistäischen Kultur lassen sich, mangels Quellen, kaum feststellen. Man spricht zwar gern von philistäischen anthropoiden Tonsarkophagen (mehrere wurden in Bet-Schean entdeckt, wo eine wichtige Garnison der Philister stationiert war), doch diese Sarkophage sind sicher ägyptischen Ursprungs und auch im nichtphilistäischen Kanaan bekannt. Die Keramik, die man früher für philistäisch hielt (gut gebrannter Ton, schwarze und rote Bemalung, geometrischer Muster wie Spiralen, des öfteren Vögel), wird heute direkt mit der mykenischen Welt verbunden.

Religion Die Religion der Philister kennen wir eigentlich nur aus der Bibel. Sie nennt die Götter Dagon, Beelzebul und Astarte – drei Größen, die in Kanaan schon vor der Ankunft der Philister ihre Verehrer gefunden hatten.

Dagon Die Philister haben sich Dagon als ihren Hauptgott auserkoren; den amoritisch-kanaanäischen Wettergott, der dann zum Getreidegott wurde. Die Bibel erwähnt zwei philistäische Dagontempel, den einen in Gaza (Ri 16,23) und den anderen in Aschdod (1 Sam 5,1 f). Leider gibt uns die theologische Erzählung 1 Sam 4,1 – 7,1 keine nähere Auskunft über die Eigenschaften Dagons und den Kult, den er forderte. Sie will ja nur betonen, daß Jahwe, der Nationalgott Israels, auch in Zeiten militärischer Überlegenheit der Dagonverehrer über Dagon steht.

Beelzebul Der Gott von Ekron heißt Beelzebul („Baal, der Fürst") und ist für die Genesung von Krankheit zuständig. Sogar der israelitische König Ahasja (853–852 v. Chr.) wollte ihn nach dem Ausgang einer schweren Krankheit befragen (2 Kön 1,2–16). Die hebräische Bibel liest den Namen dieses Gottes als Baalzebub, eine absichtliche Verballhornung („Herr der Fliegen").

131

**Philistäische Kultständer
aus Tell Qasile**

Astarte, die kanaanäische Fruchtbarkeitsgöttin, komplettiert die philistäische Götterdreiheit. Sie wird von den Philistern in der Gegend von Bet-Schean verehrt (1 Sam 31,10). Spätere Inschriften bezeugen ihren Kult in Aschkelon und nennen ihren Namen Aphrodite Urania.

Wichtigere Bibelstellen

132

9. Die Perser

Die Meder und Perser gehören zu den iranischen Bergvölkern, die es immer wieder mit ihren assyrischen Nachbarn zu tun bekamen. Lange Zeit waren die Meder von Assyrien abhängig, bis sich Kyaxares im letzten Viertel des 7. Jh. v. Chr. ein Herz faßt. Zunächst unterwirft er von seiner Residenz in Ekbatana aus alle medischen Stämme; dann holt er zum nächsten Schlag aus. Gern vereint er sich mit den Skythen und mit Nabopolassar, dem Gründer des Neubabylonischen Reiches, zu einer antiassyrischen Koalition. Im Jahr 614 erobern die Verbündeten, unter maßgeblicher Beteiligung der Meder, die Stadt Assur, 612 Ninive, und zerschlagen das assyrische Imperium. Die Meder erhalten den Nordteil der Beute, die Neubabylonier den Südteil. Kyaxares will sein Gebiet erweitern und wendet sich gegen den reichen Staat der Lydier im Westen Kleinasiens, gibt sich aber 585 v. Chr. (als Grund verweist man gern auf die totale Sonnenfinsternis in diesem Jahr) mit der Grenze am Fluß Halys zufrieden.

Kampf um Selbständigkeit

Im Jahr 552 v. Chr. empört sich ein medischer Vasall in der Provinz Persien (Anschan) gegen die medische Oberherrschaft: Kyrus, später „der Große" genannt. Das medische Heer liefert ihm 550 v. Chr. König Astyages aus und Kyrus verlegt seine Residenz in die Hauptstadt des Reiches nach Ekbatana. Urplötzlich ist er König eines großen Imperiums. Die Ära der Achämeniden (nach Achämenes, dem Gründervater der Sippe, zu der Kyrus gehört) beginnt.

Kyrus, der Große

Krösus von Lydien, der reichste König der Welt, muß sich dem Kyrus als erster beugen; dann der unglückliche Nabonid von Babylonien. Nach 539 v. Chr. herrscht Kyrus über die Länder zwischen dem Ägäischen Meer und dem Indischen Ozean. Damalige Chroniken erzählen von der Eroberung Babyloniens (= Akkad):

> Im Monat Tischrit, als Kyrus das Heer von Akkad in Opis am Tigris angegriffen hatte, haben die Bewohner Akkads revoltiert, aber die Rebellen wurden von Nabonid niedergemacht. Am 14. wurde Sippar kampflos erobert. Nabonid floh. Am 16. hat Gubrija, der Gouverneur von Gutium, mit der Kyrusarmee Babel kampflos besetzt . . . Als Marduk sah . . . daß die Bewohner von Sumer und Akkad wie tot waren, hat er alle Länder überprüft und durchmustert auf der Suche nach einem gerechten Herrscher, der sie

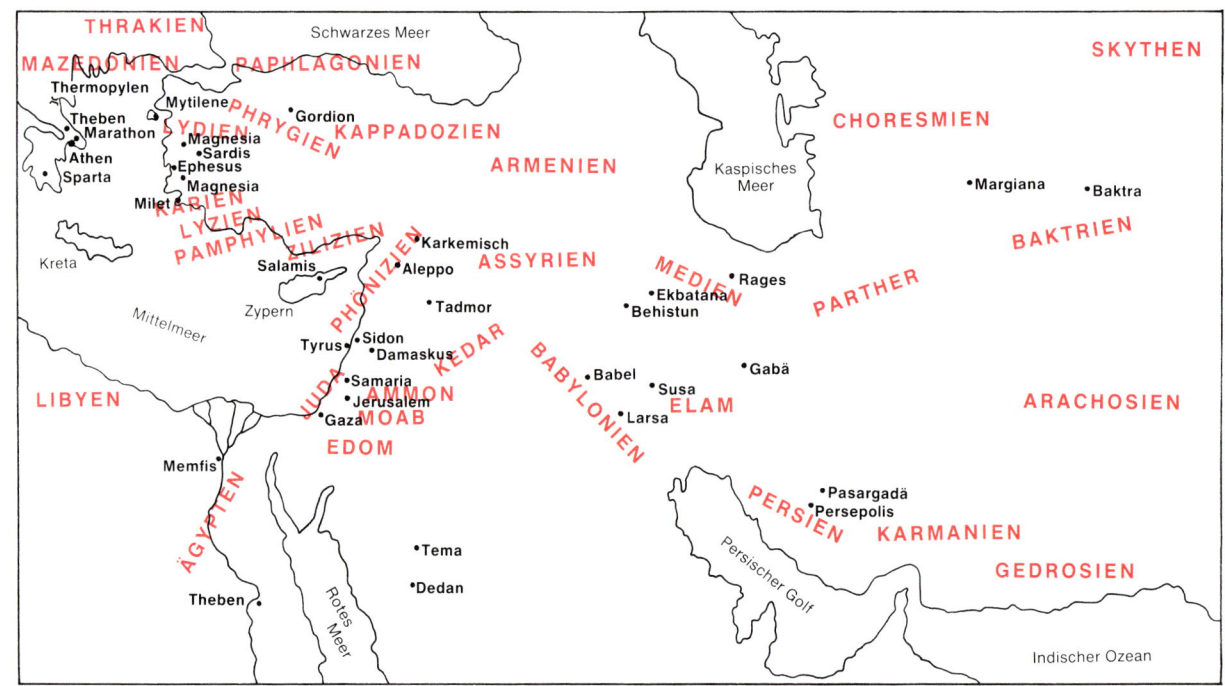

Persien:
„Ahura Masdah ist der
große Gott, der uns diese
Erde gegeben hat."

führen sollte. Und er hat den Namen des Kyrus genannt, des
Königs von Anschan, hat ihn zum Herrscher über die ganze Welt
gemacht . . . Alle Einwohner Babels und das ganze Land Sumer
und Akkad, Fürsten und Gouverneure, haben sich vor Kyrus
niedergebeugt und ihm die Füße geküßt, frohlockend über seine
Herrschaft, mit strahlendem Gesicht.

Kyrus, der Gesalbte

Die Juden, die seit 587/586 in Babylonischer Gefangenschaft waren,
strahlten nicht weniger. Deuterojesaja meint sogar, in Kyrus den Messias zu
erkennen:

So spricht der Herr zu Kyrus, seinem Gesalbten, den er an der
rechten Hand gefaßt hat, um ihm die Völker zu unterwerfen, um
die Könige zu entwaffnen . . . Ich selbst gehe vor dir her und ebne
die Berge ein . . . So sollst du erkennen, daß ich der Herr bin, der
dich bei deinem Namen ruft, ich, Israels Gott (Jes 45,1–3).

Kyrus erlöste die Juden tatsächlich aus der Gefangenschaft – ohne daß
er sie besonders bevorzugt hätte. Sicher war ihm die Priesterschaft Marduks in Babel wichtiger; denn ohne ihre Auflehnung gegen Nabonid hätte
er seine Erfolge nie erkämpfen können. Doch er vertrat grundsätzlich die
Ansicht, daß die Religion eine Sache des Rechts ist. Und da er die Gesetze
eines jeden Volkes prinzipiell anerkannte, mußte er auch den Göttern die
Religionsfreiheit für alle freie Ausübung ihrer Souveränität über ihr Volk gewähren. Er selber wählt

für sein Stammesgebiet und sich selbst die Religion des Zarathustra, die gerade von diesem baktrischen Priester (er starb vielleicht 522 v. Chr.) verkündet wird. Merkwürdigerweise ist das keine Religion des Gesetzes, sondern eine Religion des Tuns, die ihr Maß aus mystisch-intellektueller Einsicht in die Gesetze (also trotzdem!) des Menschseins gewinnt. Dem „Schöpfer aller Dinge" (später Ahura Masdah) liegt daran, daß jeder Mensch sich für das Gute entscheidet (dann ist er „rechtlich") und dem Bösen nicht verfällt (sonst ist er „trügerisch"). Dem „Rechtlichen" wird nach dem Tode das Paradies, dem „Trügerischen" die Hölle zuteil. Diese Lehre wurde später etwas entstellt; der „Schöpfer" vereinigte sich mit dem Begriff des Guten, aus dem Bösen entstand der personifizierte Gegengott Ahriman, und die dem Menschen als naturhaftem Wesen innewohnenden Kräfte werden zu Erzengeln stilisiert. Im Kult wird vor allem das Feuer verehrt, das ein läuterndes, alles Unreine vernichtendes Element und zugleich der gute Geist des häuslichen Herds und des Heils – eine direkte Verbindung mit dem Höchsten Gott – ist.

Die Nachfolger des Kyrus bleiben bei dieser Religion und bauen viele Feueraltäre. Wenn ein persischer Herrscher aus seiner königlichen Schatulle auch den Tempel Jahwes in Jerusalem oder den Amons in Ägypten

wiederaufbauen läßt, beweist dies nur die Weitsicht seines politischen
Denkens; zufriedene Untertanen sind folgsame Untertanen.

Sicherung der Macht

Die Folgsamen braucht der persische Staat dringend; denn es gilt, die
Grenzen abzurunden und abzusichern. Kyrus' Sohn Kambyses erobert 525
v. Chr. Ägypten. Sein Nachfolger Darius I. muß eine staatsgefährdende
Rebellion im Osten niederschlagen, wo der medische „Magier" Gaumata
mit mehreren Vasallen zum Aufstand bläst. Darius, der fähigste Herrscher
aus dem Geschlecht der Achämeniden, meistert diese Herausforderung –
wenn auch unter Anstrengung aller Kräfte – glänzend. Im Relief der Behis-
tun-Inschrift läßt er darstellen, wie er die „Lügenkönige" seinem Gott
Ahura-Masdah zuführt. Dies Relief ist von einer langen Inschrift in altpersi-
scher, elamischer und babylonischer Sprache begleitet, die als Schlüssel
für die Entzifferung der Keilschrift diente. Das Aramäische fehlt, obwohl
Darius kurz danach gerade diese Sprache im gesamten Bereich seines
Imperiums zur Amtssprache erhebt. Diese Verfügung steht im Zusammenhang mit der Neuorganisation des Staates. Darius läßt die von den Medern
eingeführte Aufteilung in Satrapien (= Vizekönige) bestehen, führt aber
neue Steuerbezirke ein, um die Finanzen des Reiches zu konsolidieren. Die
Kriege, die er und seine Nachfolger gegen die Griechen führen (vgl. S. 143),
haben für das Persische Reich keine große Bedeutung. Als weit gefährli-

Zerfall

cher zeigte sich später die allzu große Macht der Satrapen, die in ihren
Satrapien weitgehend unabhängig waren und sogar das Münzprägerecht
hatten (Silbergeld; Gold war dem Großkönig vorbehalten). Die „echt persischen" Truppen, die in der Residenz jedes Satrapen stationiert waren,

bedeuteten kaum mehr als ein Symbol; denn der Satrap führte das Ober-

links: Eine sitzende
Sphinx aus Persepolis

rechts: Ausschnitt aus der
Inschrift von Behistun,
im Zentrum das Symbol
Ahura Masdahs

kommando über die einheimischen Truppen. Auch die Sonderboten des Großkönigs („Augen" und „Ohren" genannt) konnten das langsam einsetzende Auseinanderdriften verschiedener Provinzen nicht verhindern. Das war der eigentliche Grund für die leichten Siege Alexanders, der im Jahr 331 v. Chr. Persien zerschlug.

Die Perser im Urteil der Bibel

Die Bibel steht durchweg positiv zu den Persern: Von der Erzählung Daniels über die Vorgänge beim Niedergang des Neubabylonischen Reiches 539 v. Chr. (Dan 5 – 6, wo allerdings die Namen Darius und Kyrus durcheinandergeraten sind), über das Kyrusedikt, das den Juden Befreiung aus der Babylonischen Gefangenschaft gewährt (Esra 1), bis zur Novelle über Königin Ester weiß sie nichts Abträgliches über die Perser zu sagen. Und das mit gutem Grund: Die Perser gewährten den Juden Religionsfreiheit, sie errichteten in der Satrapie Abarnahara, die Syrien-Palästina umfaßte, den Distrikt Juda; sie gaben den Juden ein, wenn auch bescheidenes, Maß an Selbständigkeit zurück.

137

Der persische Einfluß auf Juda darf nicht gering eingeschätzt werden; denn dort übernimmt man das von den Persern empfohlene Aramäisch als Nationalsprache. Inwieweit es Berührungen zwischen der Theologie der Bibel und der der Perser gibt, ist bis heute ziemlich strittig. Sicher ist, daß die Bibel der Theologie Zarathustras näher steht als der Theologie der Babylonier; folglich wäre es sinnvoll, weniger von „Babel und Bibel" und mehr von „Persien und Bibel" zu sprechen. Vor allem der für die jüdisch-christliche Apokalyptik fundamentale Dualismus (das gute bzw. böse Prinzip) scheint auf eine Abhängigkeit hinzudeuten. Auch die Vorstellung von der auf das allgemeine Weltgericht folgenden Erschaffung eines neuen Himmels und einer neuen Erde weist auf persischen Hintergrund. Die Sternkundigen aus der Kindheitsgeschichte Jesu (Mt 2,1–12) sind persische (obzwar direkte Schüler der chaldäischen; vgl. S. 116) Magier, die in ihrer Weisheit Jesus huldigen.

Zeittafel

Um 700		522–486	Darius I.
v. Chr.	(Achämenes)	486–465	Xerxes I.
7. Jh. v. Chr.	(Teispes)	465–423	Artaxerxes I.
	(Kyrus I.)	423–404	Darius II.
625–585	Kyaxares der Meder	404–359	Artaxerxes II.
585–550	Astyages der Meder	336–331	Darius III.
559–530	Kyrus II. der Große	333	Ende des persischen
530–522	Kambyses		Reiches

Wichtigere Bibelstellen

Konkordanz

Medien, Meder
2 Kön 17,6; Esra 6,2; Tob 3,7; Jdt 1,1; Est 10,2; Jes 13,17; 21,2; Jer 25,25; 51,11; Ez 27,23; Dan 5,28; 6,1; 8,20; 9,1; Apg 2,9

Persien, Perser
2 Chr 36,20.22 f; Esra 1,1 f.8; 3,7; 4,3.5.7.24; 6,14; 7,1; 9,9; Neh 12,22; 1 Makk 1,1; 3,31; 14,2; 2 Makk 1,19 f.33; 9,1.21; Ez 27,10; 38,5; Dan 5,28; 8,20; 10,1.13.20; 11,2

Könige
Kyrus: 2 Chr 36,22 f; Esra 1,1 f.7; 3,7; 4,3.5; 5,13 f.17; 6,3.14; Jes 44,28; 45,1; Dan 1,21; 6,29; 10,1; 14,1; Darius I.: Esra 4,5.24; 5,5–7; 6,1.12–15; Hag 1,1.15; 2,10; Sach 1,1.7; 7,1; Darius II.: Neh 12,22; Darius III.: 1 Makk 1,1; Darius der Meder: Dan 6,1 f.7.10.26.29; 9,1; 11,1; Xerxes I.: Esra 4,6; (Ester 1–10); Artaxerxes I. (II.?): Esra 4,7–23; 6,14; 7,1–26; 8,1; Neh 2,1; 5,14; 13,6

10. Die Griechen

Stämme, Stadtstaaten, Kulturen

Die ersten Indogermanen (am Dialekt als Ionier, Achäer, Dorier identifizierbar), die im 19. Jh. v. Chr. als Vorboten einer weitreichenden Völkerwanderung nach Griechenland kamen, trafen auf eine „ägäische Urbevölkerung" (Karer, Pelasger), deren Zivilisation ihrer eigenen haushoch überlegen war. Die minoische Kultur auf Kreta mit ihren heute noch **Die minoische Kultur** durch Ruinen beeindruckenden Palästen von Knossos oder Phaistos, ihrer kretischen Schrift (Linear A und B) zeugt von der Leistung der vorindogermanischen Bewohner der Ägäis, die vielen Ländern – von Ägypten bis nach Mesopotamien hin – durch ein Verhältnis des Gebens und Nehmens verbunden waren. Der Einfluß ihrer Kultur erreicht auf dem griechischen Festland im 16. Jh. v. Chr. seinen Höhepunkt. Danach wird sie abgelöst **Die mykenische Kultur** durch die anders geartete mykenische Kultur (Mykene, eine Stadt in Argolis, südlich von Korinth). Die bäuerliche Lebensart tritt zurück. Die indogermanische Lust an Jagd, Krieg und Streitwagen, an Seefahrten und Beutezü-

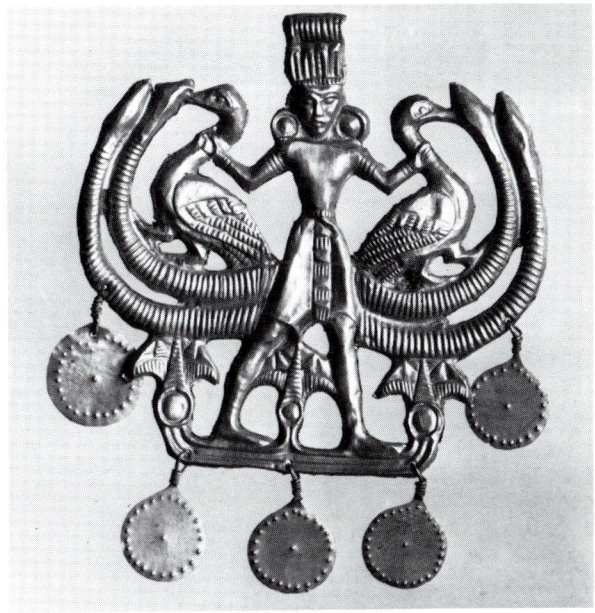

Der Seevölkersturm

Expansion

gen, an monumentalen Bauten (prunkvolle Schacht- und Kuppelgräber) setzt sich durch. Der Handel, fast ausschließlich übers Meer getätigt, orientiert sich stark nach Osten (Ugarit und Byblos), aber auch in Ägypten und auf Sizilien wurde mykenische Keramik aus dieser Zeit gefunden. Die Südwanderung der Illyrer und Thraker läutet das Ende dieses Zeitalters ein. Sie bringen alle anderen Völker in Bewegung. Die Große Völkerwanderung – ägyptische Quellen bezeichnen sie als den Seevölkersturm – fegt über den ganzen östlichen Mittelmeerraum hinweg: Troja wird niedergekämpft (hier wirft die Archäologie dem Homer eine blühende Phantasie, wenn nicht gar Geschichtsfälschung vor), Zypern erobert, der Hetiterstaat verschwin-det, Ugarit wird zerstört – der Sturm erreicht Ägypten. Pharao Ramses III. gebietet den Seevölkern Einhalt (vgl. S. 41). Es ist nicht möglich, die Herkunftsgebiete der einzelnen Gruppen der Seevölker zu identifizieren, doch alle Zeichen weisen in die Ägäis.

Auf diese große Umwälzung folgt eine merkwürdige Zeit der Ruhe; „Nachrichtenstille". Doch danach besitzen die Griechen nicht nur Städte-siedlungen an den Küsten Kleinasiens, sondern auch die homerischen Epen Ilias und Odyssee, in denen sich die bis dato zersplitterten Völker-schaften als Einheit erkennen, und – seit etwa dem 9./8. Jh. v. Chr. – das Alphabet, dessen phönizisch-konsonantisches Vorbild (vgl. S. 84) sie zur Entwicklung ihres vokalisch-konsonantischen Alphabetes nutzen.

Um die Mitte des 8. Jh. v. Chr. setzt eine neue Kolonisationswelle ein, die im Verlauf der nächsten zwei Jahrhunderte fast den gesamten westli-chen Mittelmeerraum erfaßt und zur Gründung griechischer Städte, Kolo-nien und Handelsniederlassungen führt. Da der Weg nach Osten blockiert war (das Großreich der Phrygier in Kleinasien, Assyrien, Phönizien, Ägypten waren nicht leicht zu überrennen), richtet sich die Bewegung vor allem

ALT-PHÖNIZISCH			ARCHAISCH 7. Jh.		ÖSTLICH 8. Jh.	6. Jh.		WESTLICH 5. Jh.		KLASSISCH			Moderner Druck	Name der Buchstaben	
Zeichen	Laut-wert	Zahl-wert	Thera	Laut-wert	Athen vor 403	Miles. Alphabet	Laut-wert	Lakon. Alphabet	Laut-wert	Zeichen	Laut-wert	Zahl-wert		in lateinischer Schrift	in griechischer Schrift
⟨	ʾ	1	ΔΑ	a	Α	ΑΑ	a	ΔΑ	a	Α	a	1	A	alpha	ἄλφα
⟨	b	2	ΚΥ	b	Β Β		b	Β	b	Β	b	2	B	bēta	βῆτα
⟨	g	3	ΤΓΓ	g	ΓΛ	Γ	g	Λ	g	Γ	g	3	Γ	gamma	γάμμα
⟨	d	4	Δ	d	ΔD	Δ	d	ΔD	d	Δ	d	4	Δ	delta	δέλτα
⟨	h	5	ΕΕ	e	ΕΕ	ΕΕ	e	ΕΕ	e	Ε	ẹ	5	E	epsilon	ἔψιλον

nach Italien, aber auch nach Südfrankreich (Marseille etwa ist eine griechische Gründung) und nach Spanien. Griechische Seeleute fahren durch die Meerenge von Gibraltar, sie verdrängen die phönizischen Tyrier aus der für den Handel mit Silber und Zinn (aus Großbritannien) so wichtigen Stadt Tartessos in Spanien (heute Guadalquivir, wahrscheinlich das alttestamentliche Tarschisch, vgl. z. B. 1 Kön 10,22 über den Handel Salomos). Doch die Griechen breiten sich auch nach Nordosten aus und besetzen fast die gesamte Küste des Schwarzen Meeres. Im Süden, in Libyen und im Westdelta des Nil (Handelsstadt Naukratis) aktivieren sie energisch die Bewirtschaftung des Landes und entfalten einen breit gefächerten Zwischenhandel. Die meisten dieser Neugründungen standen in gewisser rechtlicher Abhängigkeit von den heimatlichen Stadtstaaten und trugen die griechischen Lebensformen in die entferntesten Regionen der damaligen Welt.

Die griechische Lebensform entsteht mit der Polis, dem Stadtstaat. Er bildet – unbeschadet des betonten Individualismus der Griechen – ein Gemeinwesen, das den Interessen der Gesamtheit dient. Voraussetzung für die Gründung eines Stadtstaates war nach Aristoteles:

Streben nach Einheit

> Wenn mehrere Dörfer zu einer Gemeinde zusammenfinden, die abgerundet und groß genug ist, sich ziemlich selbständig zu erhalten, dann kommt der Staat ins Leben.

Die Entwicklung begann wohl in Sparta: Um 800 v. Chr. schlossen sich fünf Dörfer um einen „König" zusammen, um eigene Interessen auch zum Schaden anderer Gemeinden gewaltsam durchsetzen zu können. Dieser militärisch straff geführte Staat war streng genommen eine Grundbesitzeroligarchie. Im 7. Jh. etwa wurde er durch zwei „Könige" geführt, einen Rat der Alten und eine 30 Mitglieder zählende Heeresversammlung, in der die Periöken (freie, aber politisch rechtlose Leute), aus denen sich das Heer rekrutierte, nichts zu bestellen hatten.

Griechenland:
„Zeus, Vater aller Dinge –
des Himmels und der Erde
und der Götter und der
Menschen"

Die Welt der Götter

142

Die Zersplitterung ist eine Bedrohung: die Kluft zwischen den sozialen Schichten ist tief; die räumliche Entfernung groß, die Unterschiede zwischen den verschiedenen Landesteilen nehmen auch in sprachlicher Hinsicht zu. Denn die vier Hauptdialekte: Ionisch-Attisch, Äolisch, Dorisch und Arkadisch-Zyprisch verzweigen sich in eine Unmenge kleinerer Dialekte. Jeder Versuch, Gemeinsamkeit erlebbar zu machen und herzustellen ist bitter notwendig: Seit dem Jahr 776 v. Chr. werden in vierjährigem Turnus Olympische Spiele abgehalten; alle freien griechischen Bürger (außer den verheirateten Frauen) können sich an ihnen beteiligen. Solange sie dauern, währt der „heilige Friede" (man führte allerdings auch „heilige Kriege"!), der keine Gewaltaktion duldet. Spätestens seit dem Beginn des 8. Jahrhunderts besteht die Institution der Amphiktyonie (die bekanntesten sind die von Delphi und Delos), eine Art politisch-kultischer Eidgenossenschaft der zwölf Stämme, deren Vertreter sich zweimal jährlich treffen mußten, um Kultisches gemeinsam zu begehen und Politisches gemeinsam zu besprechen. Ab Mitte des 7. Jh. v. Chr. sind die Tyrannen, die die Einheit eines jeden Stadtstaates garantieren sollen, nicht selten voneinander abhängig oder verschwägert. Die zahllosen Kriege, die man – beinahe ununterbrochen – führte, hätten zur Einheit beitragen können, wären sie nicht von Partikularinteressen diktiert gewesen. Auch die Religion war kein einendes Band, denn man verehrte vor allem die Orts- und Familiengötter. Übergeordnete Göttergestalten entwickeln sich erst nach einem langen Prozeß der Assimilation der vorgriechischen Götter und der Verbreitung der Mythen, die ursprünglich meist die Situation einer ganz bestimmten Gegend oder eines einzelnen Stammes widerspiegeln. Die griechische Mythologie, die wir heute kennen, durchlief einen langen Weg der Entwicklung und Systematisierung. Grob vereinfacht sieht die Welt der Götter etwa so aus: Aus dem Urchaos entstand das erste Götterpaar Uranos (= der Himmel) und Gaia (= die Erde). Sie zeugen die Titanen (= göttliche Naturgewalten): Chronos und Rhea, Okeanos und Tethys, Iapetos und Themis, sowie die Kyklopen. Diese Götter kämpfen gegeneinander; neue Götter werden geboren, zu denen etwa auch der Schlaf und der Betrug gehören. Erst spielt Zeus, der Sohn von Chronos und Rhea, eine Rolle; später läuft er seinem Vater den Rang ab und wird zum Hauptgott der Griechen. Hestia (die spätere römische Vesta), die Göttin von Haus und Herd, steht ihm zur Seite. Erst ziemlich spät weist die Mythologie dem Zeus und seinen „olympischen" Göttern den höchsten Berg, den Olymp (vor der Einwanderung der Griechen trugen verschiedene Berge diesen Namen) als Göttersitz zu.

Selbst ein so gut organisierter, demokratischer Staat wie Athen, zur Führungsaufgabe berufen, konnte sich nicht von der Last des Überkommenen befreien. Einzig unter dem Druck von außen rückten die Individualisten zeitweise näher zusammen. Die Bedrohung wurde real, als es Kyrus von Persien gelang, den mächtigen Staat Lydien (dort hatte man im 7. Jh. v. Chr. die Münzen erfunden) zu zerschlagen und die griechischen Städte im westlichen Kleinasien zu erobern. Kyrus verschafft sich so den wirtschaftlichen Rückhalt, den er für die Eroberung des Neubabylonischen Reichs braucht. Sein Nachfolger Kambyses stoppt die griechische Expansion in Ägypten und Zyrene, doch Griechenland belästigt er nicht. Erst Darius (522–486 v. Chr.) wendet sich direkt gegen das kontinentale Griechenland. Vor allem die Spartaner erkennen die Gefahr. Sie übernehmen die Führung in einer antipersischen Koalition (zu der auch Athen gehört) und stacheln die ionischen Städte zur Entmachtung ihrer durch die Perser eingesetzten Tyrannen auf. Als die Städte rebellieren, verweigert ihnen Sparta konkrete militärische Hilfe. Die Athener dagegen entsenden einige Schiffe, eher symbolische Geste als wirkliche Unterstützung. Im Jahr 493 v. Chr. sind alle ionischen Städte wieder fest in persischer Hand. Die Perser vergessen nicht so schnell. Im Jahr 490 v. Chr. schicken sie eine Strafexpedition gegen Athen, die den Athenern den Ruhm von Marathon bringt. Unter Xerxes I. (486–465 v. Chr.) gelingt es den Persern, Athen zu erobern und zu zerstören; doch sie werden durch die vereinigten griechischen Armeen besiegt.

Unter persischer Herrschaft

Dieser Sieg bildet den Auftakt zu einem erneuten Ausbruch der Rivalität zwischen Sparta und Athen, wo jetzt ein Perikles die radikale Demokratisierung des Staatswesens fordert. Athen erringt den ersten Platz unter den griechischen Völkern. Weder der Aufbau der Stadt, noch die politische Umstrukturierung hindert die Athener daran, den sog. Peloponnesischen Krieg (431–421; 416–404 v. Chr.) von der Stange zu brechen. Der Krieg endet mit einer totalen Niederlage Athens. Doch auch Sparta war so geschwächt, daß es unfähig war, die ihm in der folgenden Zerfallszeit

Sparta gegen Athen

zukommende Führungsrolle wahrzunehmen. Alle kämpften ihre kleinen Kriege. Der Redner Isokrates (436–338 v. Chr.) beklagt sich darüber.

> Sie sind im Verhältnis zueinander so argwöhnisch und feindselig, daß sie sich mehr vor den Mitbürgern fürchten als vor ihren Feinden. Während sie zur Zeit unserer Vorherrschaft vereint waren und einander gern halfen, sind sie jetzt so unsozial geworden, daß diejenigen, die vom Reichtum besessen sind, ihre ganze Habe lieber ins Meer werfen würden als einem Bedürftigen damit auszuhelfen; der Habenichts dagegen würde lieber dem Reichen alles mit Gewalt abnehmen als einen Schatz zu entdecken.

Erst der Mazedone Philipp II. (359–336 v. Chr.) zwingt die Griechen zur Einheit. Der Vater Alexanders des Großen war ein kühner und listiger, ein vom Glück begünstigter, überlegt und überlegen handelnder Mann. Ein Diplomat und wilder Kulturliebhaber, der sich auch durch die ständigen Anfeindungen eines Demosthenes (384–322 v. Chr.) nicht beirren läßt:

> Ich sah, daß Philipp alle Männer in Abhängigkeit brachte, so habe ich mich ihm widersetzt. Unablässig warnte und ermahnte ich euch, sich nicht zu ergeben.

Philipp ist es auch, der den Boden für die Erfolge seines Sohnes Alexander vorbereitet, obwohl Plutarch (45–120 n. Chr.) ihm das später abstreiten will:

> Alexander zog gegen die Perser mit mehr Vorrat an dem, was ihm sein Lehrer Aristoteles, als an dem, was ihm sein Vater Philipp mitgegeben hatte.

Alexander (336–323 v. Chr.) hat wie kein anderer die damalige Welt grundlegend und nachhaltig verändert. Er trägt das griechische Denken bis nach Indien hin und bereitet durch die Zerschlagung des morschen persischen Reiches eine ganz neue Gesellschaft vor, in der nicht das nationale Band, sondern vielmehr die Zugehörigkeit zu der einen griechischen Kultur zählen sollte – ungeachtet in welcher Welt man geboren wurde. Hätte er länger gelebt, wäre es seinen Generalen wohl nicht gelungen, das eine Reich in ihre eigenen partikularistischen Staaten zu teilen. Sie haben es getan, dadurch jahrhundertelange Kriege vorprogrammiert, das Erbe verraten. Im Großreich, in dem sich alle Menschen zu Hause fühlen sollten, wurden schon vor der Schlacht bei Ipsos (301 v. Chr.), in der der einzige Verfechter der Reichseinheit, Antigonos der Einäugige, unterlag, mehrere Grenzen gezogen. Antigonos (323–301) herrschte über Kleinasien und Syrien-Palästina; Ptolemäus (323–283) über Ägypten und Zyrene; Lysimachos (323–281) über Thrakien; Kassandros (316–297) über Mazedonien; Seleukos (321–281) über die Gebiete von Mesopotamien bis Baktrien. Die Grenzen wurden unaufhörlich hin und her geschoben; der Kampf zwischen

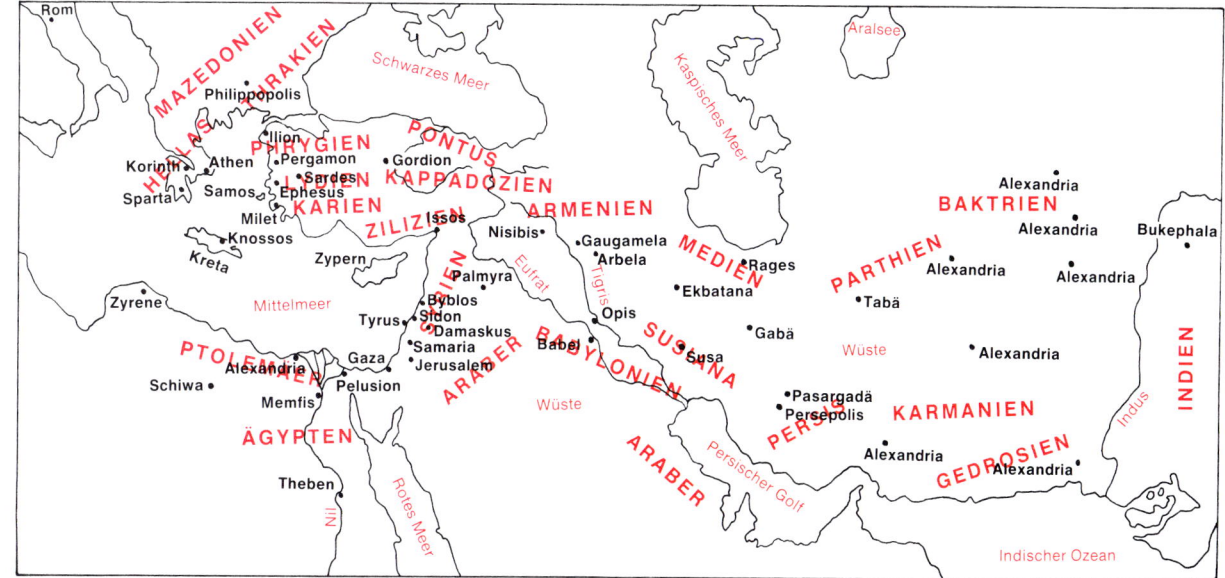

Map labels: Rom, MAZEDONIEN, THRAKIEN, Schwarzes Meer, Aralsee, Philippopolis, HELLAS, PHRYGIEN, PONTUS, Ilion, Pergamon, Gordion, KAPPADOZIEN, Korinth, Athen, Sardes, Alexandria, BAKTRIEN, Sparta, Samos, Ephesus, ARMENIEN, Alexandria, Bukephala, Milet, KARIEN, ZILIZIEN, Nisibis, MEDIEN, Rages, Alexandria, Alexandria, Knossos, Issos, Gaugamela, Kreta, Zypern, Arbela, Palmyra, PARTHIEN, Ekbatana, Tabä, Zyrene, Mittelmeer, Eufrat, Tigris, Byblos, Opis, Gabä, Wüste, Alexandria, Tyrus, Sidon, Damaskus, Alexandria, INDIEN, PTOLEMÄER, Samaria, Babel, BABYLONIEN, SUSIANA, Susa, Gaza, ARABER, Jerusalem, Schiwa, Alexandria, Pelusion, Wüste, Pasargadä, Persepolis, KARMANIEN, Memfis, Indus, ÄGYPTEN, ARABER, PERSIS, Alexandria, GEDROSIEN, Alexandria, Theben, Nil, Rotes Meer, Persischer Golf, Indischer Ozean, Kaspisches Meer

den Ptolemäern und den Seleuziden um Palästina endete erst 198 v. Chr. mit dem seleuzidischen Sieg. Aber auch dann bekam dieses Land keinen Frieden; die Makkabäer begannen den Aufstand.

Im griechischen Stammland gehen die kleinlichen Streitereien weiter. Man ruft das zur Weltmacht aufsteigende Rom als Schlichter an. Die Römer, Bewunderer Griechenlands, setzen auf eine langsame Übernahme einzelner Staaten. Doch schon 146 v. Chr. herrschen sie faktisch über das entvölkerte Land, das wirtschaftlich darniederliegt und keine eigene politische Leitfigur hat. Die Provinzen Achaia und Mazedonien dienen Rom.

Der Hellenismus

Die beiden Jahrhunderte nach Alexanders Tod hatten es in sich! In ihnen entwickelt sich die Kultur zu höchster Blüte. Man nennt diese Kultur nicht mehr ‚griechisch', sondern ‚hellenistisch'; denn sie eint ja das griechische Erbe mit den nationalen Erbschaften aller Völker im vormaligen Reich Alexanders.

Der Hellenismus ist eine unvorstellbar komplexe Erscheinung. Bedenkt man einerseits die Vielfalt der eroberten Staaten mit ihren gewachsenen Kulturen, andererseits die Vielfalt der bis vor kurzem eigenständigen Stadtstaaten mit ihren unterschiedlichen Entwicklungen, kann man erahnen, wieviel verworfen, abgeändert, amalgamiert, assimiliert, neuformuliert werden mußte, um die eine, trotz aller Überwucherungen faszinierende, hellenistische Kultur entstehen zu lassen. Unerläßliche Voraussetzung dafür war die einheitliche Sprache: das Attisch-Ionische, das auch die Soldaten Alexanders in alle Welt getragen hatten. Diese sog. Koine (= allgemeine) –

Das Reich Alexanders: „Der Mazedonier Alexander... kam bis an das Ende der Welt" (1 Makk 1,1.3)

Die Römer

Eine Sprache

145

Sprache hatte ihren Siegeszug schon im 5. Jh. v. Chr. begonnen; die
Persischen Kriege hatten zu ihrer Verbreitung beigetragen.

Kulturexplosion in Athen

Im Athen des 6./5. Jh. v. Chr. entwickeln sich Philosophie, Literatur und
Gelehrsamkeit explosionsartig. Die Tragödien des Äschylos entstehen, Pin-
daros und Xenophanes dichten, Pythagoras entwickelt seinen Lehrsatz
($c^2 = a^2 + b^2$). Die Philosophie des weisen Skeptikers Sokrates macht

**Philosophen und ihre
Schulen**

Schule durch seinen eifrigsten Jünger Plato und die von ihm in Athen
gegründete Akademie, an der sich auch Aristoteles studierend beteiligt.
Den diskussionsfreudigen, stets zum Widerspruch bereiten Griechen gefie-
len die vielen philosophischen Schulen (vgl. Apg 17,18–21).

Die früheste dieser Schulen wird durch die Pythagoreer (von Pythagoras, gestorben etwa 497 v. Chr.) repräsentiert. Ihr Grundprinzip ist die
Harmonie des Lebens und das Analoge im Leben; doch sie betonen auch,
daß nicht der Ausgleich, sondern das Positive anzustreben ist. Es reicht
nicht aus, sich mit der Feststellung von "hell–dunkel" oder „Seele–Körper"
zu begnügen; man muß sich um „hell" mühen, die Seele durch Reinheit
und Askese bewußt zur Vollkommenheit führen, ihr durch Weisheit das Heil
verschaffen. Denn nur eine sublimierte Seele kann nach dem Tod (der
Befreiung aus dem Gefängnis des Körpers) in ein sublimierteres Wesen
eingehen. Pythagoras soll einen verstorbenen Freund, der ein Hundeleben
geführt hatte, am Bellen erkannt haben. Das Ethisch-Wertende des Philosophen (= Freund der Weisheit; das Wort ist eine Schöpfung der Pythagoreer)
stieß freilich auf Grenzen im System selbst: das Männliche ist gut, folglich
muß das Weibliche das Gegenteil sein. Prinzipienreiter entwickelten aus
diesem Denkansatz die Sophistik.

Doch es gab mehr als nur eine philosophische Schule:

Sokrates mit seiner Aufforderung zum Rationalen, sein Schüler Plato (428–349 v. Chr.), der gewiß auch unter dem Einfluß des Pythagoras stand und dennoch mehr Wert auf Wahrheit als auf Weisheit legt;

die Kyniker, die auf Sokrates, Antisthenes oder auch Diogenes zurückgeführt werden und die den größten Spaß daran hatten, alles Überlieferte, ob Gott oder Gesellschaft, anrempelnd in Frage zu stellen;

Aristoteles (384–322 v. Chr.) mit seinen Peripatetikern, der Vorliebe für die erfahrbare Wahrnehmung („es ist immer schwierig, wenn Leute gemeinsam leben und auch Gemeinsames haben, besonders aber, wenn sie gemeinsames Eigentum besitzen"), für die Gesamtwertung des Wesenhaften und für die Ablehnung einer breiten Schülerschaft – schon er entdeckte den Wert der Multiplikatoren;

Epikur (342–271 v. Chr.) mit seiner kultisch-philosophischen Nachfolgerschaft und der Meinung, die Götter könnten in der Welt nichts verursachen, denn sonst wären sie veränderbar, also nicht göttlich;

Zenon von Kition (333–262 v. Chr.) und seine Stoiker mit dem Glauben, daß nur und ausschließlich der Logos (verstanden nicht als immaterielles Wort, sondern als materieller Windhauch) sowohl die Physik wie die Ethik bestimmt.

Apollotempel in Korinth

Dazwischen und danach gab es eine Unmenge Strömungen, die die Lebendigkeit und Ansprechbarkeit des griechischen Geistes bezeugen. Sie brachen hervor als man begriff, daß nicht nur Griechen, sondern auch „Barbaren" denken können. Schon Sokrates und Diogenes hatten bekannt: „Ich bin Bürger der Welt." Diese integrative Grundhaltung trug sicher dazu bei, daß der befreiende Geist des Hellenismus von vielen Völkern angenommen und auch bereichert wurde.

Demosthenes (384–322 v. Chr.)

Aristoteles (384–322 v. Chr.)

Sokrates (469–399 v. Chr.)

Sophokles (496–406 v. Chr.)

Pythagoras (6. Jh. v. Chr.)

Im religiösen Bereich wird diese Grundhaltung besonders wirksam. Als das Griechentum im Verlauf seiner Expansion einer Menge fremder Götter begegnet, sehen die Griechen keine Notwendigkeit zur Mission – ihre Götter sind die Sieger –, und sie brauchen sich auch nicht abzukapseln, denn ihr toleranter, aufnahmebereiter Geist ist offen für jede Befruchtung von außen. Viele orientalische Götter werden im griechischen Pantheon heimisch. Griechische und orientalische Glaubensweisen durchdringen und überlagern sich: der sog. hellenistische Synkretismus entsteht. Nur in den seltensten Fällen war die Annäherung durch eine übergeordnete Instanz gesteuert. Doch konnten etwa königliche Spenden (Bauzuschüsse, Sicherung des Unterhalts des Kultpersonals) zur Förderung eines bestimmten Kultzentrums beitragen. Solche Unterstützung war nicht immer willkommen. Als Alexander sich bereit erklärte, den Artemis-Tempel in Ephesus aufzubauen, wenn man ihm seinen Namen gebe, lehnten die Epheser schmeichelnd, spöttisch, doppelbödig ab: ein Gott (Alexander) sollte einem anderen Gott (Artemis) keinen Tempel bauen.

Der hellenistische Synkretismus

Eine Statue der Artemis von Ephesus

Am Beispiel eben dieser Göttin Artemis läßt sich gut nachzeichnen, wie sich verschiedene Kulte und Ideen vermischen. Die kretische Muttergöttin gilt in vorgriechischer Zeit als Schutzherrin der Pflanzen, Tiere und der Familie. Diese Funktionen drücken sich in den Beinamen Demeter, Artemis und Athene aus. Sie werden im Lauf der Zeit zu eigenständigen Göttergestalten, die um neuer und anderer Zuständigkeiten willen verehrt werden. Artemis etwa werden Menschenopfer dargebracht, sie gilt als Beschützerin junger Mädchen, als Göttin der Geburtshilfe und wird als Jägerin dargestellt. In Ephesus verbindet man „die Vielbrüstige" Göttin der Fruchtbarkeit mit der Mutter Erde (Kybele), aber auch mit Ischtar, Astarte, Atargatis und später der römischen Diana (vgl. S. 162).

Die Mysterienreligionen spielen eine besondere Rolle in der Vielfalt religiöser Strömungen der hellenistischen Zeit. Ihre Anhänger werden durch strenge Initiationsregeln in die Gemeinschaft aufgenommen und sind zum strikten Stillschweigen über alle kultischen Vorgänge verpflichtet (deshalb versuchte man, sie in die Nähe des Christentums zu rücken). Ihr Grundgedanke ist die Vorstellung von der sterbenden und auferstehenden Gottheit, die – mag sie Dionysos, Osiris, Adonis oder Persephone heißen – sterben und die Hälfte jeden Jahres im Hades bleiben muß.

Die Bibel

Die Bibel kennt Griechenland unter den Namen Jawan und Hellas. Nicht nur der Bewohner der ägäischen Inseln, der westkleinasiatischen Küste oder des griechischen Festlandes (Angehörige der griechischen Ethnie) gilt für sie als Grieche (Hellene), sondern jeder, der griechische Kultur besitzt oder aber Nichtjude, d. h. Heide ist. In der Frühzeit scheinen die Kontakte spärlich zu sein; Joël 4,6 spricht vom Verkauf jüdischer Sklaven an die Griechen – doch im 2. Jahrhundert v. Chr. kommt es zum Zusammenstoß zwischen der griechischen und der jüdischen Religion. Die Makkabäer konnten nicht länger mit ansehen, wie die jüdische Religion und Kultur der

Ptolemäus III. Euergetes

griechischen Verführung verfallen und wie die Juden freiwillig zu Griechen werden:

> Wir wollen einen Bund mit den fremden Völkern schließen, die rings um uns herum leben; denn seit wir uns von ihnen abgesondert haben, geht es uns schlecht . . . Der König gab ihnen die Erlaubnis, nach den Gesetzen der fremden Völker zu leben. Sie errichteten in Jerusalem eine Sportschule, wie es bei den fremden Völkern Brauch ist, und ließen sich die Beschneidung rückgängig machen (1 Makk 1,11–15).

Die ausbeuterische Politik des Antiochus Epiphanes und der Kampf der Philohellenen um das Amt des Hohenpriesters zwingen die Makkabäer im Jahr 167 v. Chr. zum Aufstand.

Das Neue Testament spricht von Griechen meistens im Sinne von „Heide". Bei Paulus (aber auch bei Lukas und Johannes) läßt sich – und sei es nur im Gebrauch spezifischer Wörter – eine gewisse Abhängigkeit vom hellenistischen Denken feststellen. Die Hellenisten der Urkirche (Apg 6,1; 9,29; 11,20) waren griechisch sprechende Judenchristen.

Antiochus Epiphanes

Zeittafel

19. Jh.	Einwanderung der Indogermanen
	Minoische Kultur
15. Jh.	Mykenische Kultur
um 1200	Ägäische Völkerwanderung („Seevölker")
11. Jh.	Griechen an der Westküste Kleinasiens
9. Jh.	Entstehung des griechischen Alphabets
um 800	Gründung Spartas
776	Beginn der Olympischen Ära
Um 624	Gesetzgebung Drakons in Athen
640–560	Solon in Athen; Reformgesetze
490	Schlacht bei Marathon
480	Schlacht bei den Thermopylen und bei Salamis
478	Entstehung des Delisch-Attischen Seebundes
450	Schlacht gegen die Perser bei Salamis
431–421;	
416–404	Der Peloponnesische Krieg
359–336	Philipp II.
338	Entstehung des Panhellenischen Bundes in Korinth
336–323	Alexander der Große
333	Schlacht bei Issos
323–305	Kämpfe der Diadochen um die Nachfolge Alexanders
301	Schlacht bei Ipsos
280	Entstehung des Achäischen Bundes
274–271	Erster Syrischer Krieg
260–253	Zweiter Syrischer Krieg
246–241	Dritter Syrischer Krieg

221–217	Vierter Syrischer Krieg
261–246	Antiochus II. in Syrien
223–187	Antiochus III. in Syrien
198	Nach der Schlacht bei Paneas besetzen die Seleuziden Palästina
188	Der Friede von Apamäa
175–164	Antiochus IV. Epiphanes in Syrien
164–162	Antiochus V. Eupator in Syrien
Seit 167	Der makkabäische Aufstand
148	Mazedonien römische Provinz
146	Oberhoheit Roms über Griechenland
64	Syrien römische Provinz

Wichtigere Bibelstellen

Konkordanz

Griechenland, Grieche, Jawan
1 Makk 1,1 – 2 Makk 15,39; Dan 8,21; 10,20; 11,2; Joël 4,6; Sach 9,13; Joh 7,35;
12,20; 19,20; Apg 11,20; 14,1; 16,1.3; 17,4; 18,4; 19,10.17; 17,12; 20,2.21;
21,28; 28,37; Röm 1,14.16; 2,9f; 3,9; 10,12; 1 Kor 1,22.24; 10,32; 12,13; Gal
2,3; 3,28; Kol 3,11; Offb 9,11

Achaia
Apg 18,12.27; 19,21; Röm 15,26; 1 Kor 16,15; 2 Kor 1,1; 9,2; 11,10; 1 Thess 1,7f

Mazedonien
Apg 16,9f.12; 18,5; 19,21f.29; 20,1.3; 27,2; Röm 15,26; 1 Kor 16,5; 2 Kor 1,16;
2,13; 7,5; 8,1; 9,2.4; 11,9; Phil 4,15; 1 Thess 1,7f; 4,10; 1 Tim 1,3

Götter
Artemis: Apg 19,24–35
Dionysos: 2 Makk 6,7; 14,33
Herakles: 2 Makk 4,19f
Hermes: Apg 14,12
Zeus: 2 Makk 6,2; Apg 14,12f

II. Die Römer

Schwerter, Steuern und Standarten

Manch einem antiken Volk verweigert die Geschichte den Nachruhm, der ihm gebührt; die Römer können sich in dieser Hinsicht nicht beklagen. Ihre Zivilisation gehört zu den bekanntesten Größen der Antike. Gewiß nicht ganz zu Unrecht. Doch oft hält der Ruhm, den man ihnen zollt, genauerer Prüfung nicht stand: Die Töpferscheibe etwa – eine der wichtigsten Entdeckungen der frühen Technik – war in Palästina schon 3000 v. Chr. bekannt; nach Italien gelangte sie erst im 9. Jh. v. Chr. durch die Vermittlung der Griechen. Mit der Schrift ist es ähnlich: der älteste sumerische Text stammt vom Ende des 4. Jahrtausends v. Chr., der älteste lateinische aus dem 7. Jahrhundert. Auf dem Hintergrund solcher Beispiele – sie lassen sich mühelos vermehren – relativiert sich die Größe der Römer. Sie präsentieren sich als Nachgeborene, als Übernehmer und Verwerter, die von der Leistung vieler Früherer profitieren. Dennoch haben sie nicht nur

Übernehmer und Verwerter

Römische Aquädukte in Cäsarea (1. Jh. n. Chr.)

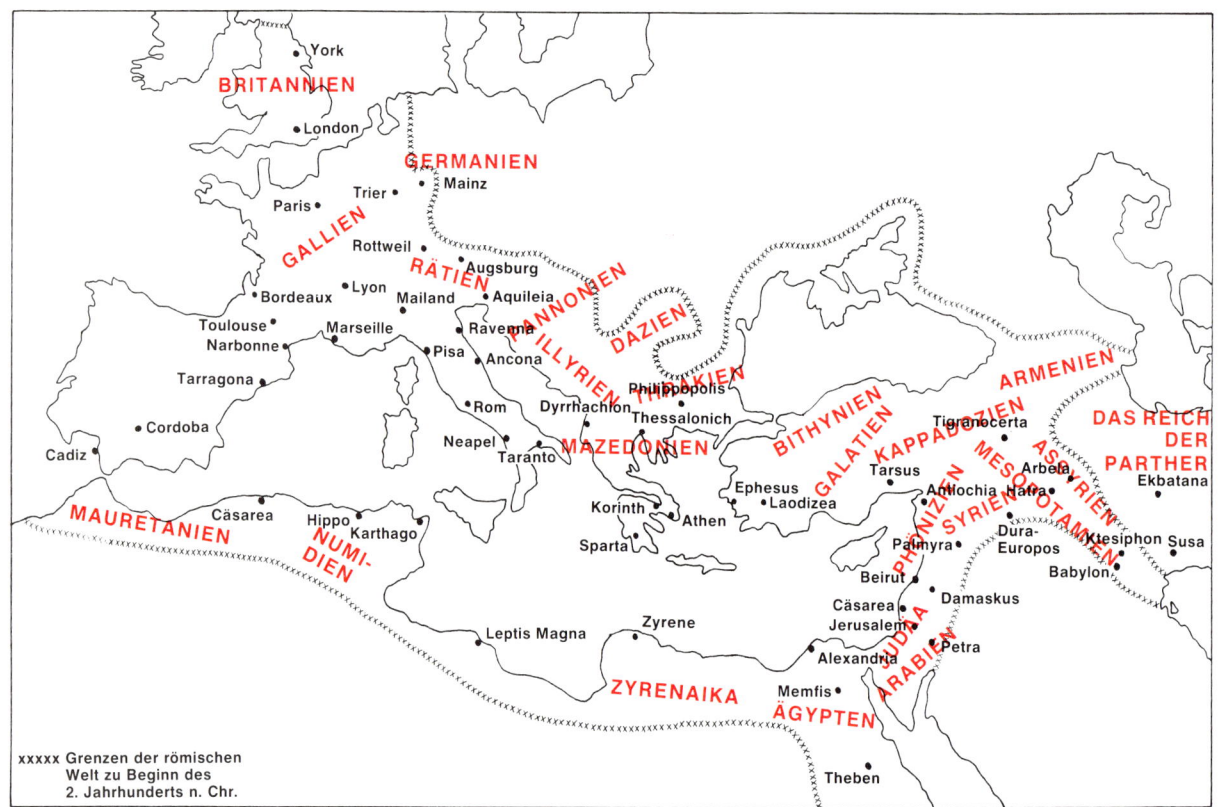

Die Römer:
„Dann werden die Römer
kommen und uns die heili-
ge Stätte und das Volk neh-
men" (Joh 11,48)

Einwanderer in Italien

die „römische Zivilisation" geschaffen, sie waren auch in ihrer Selbstdarstellung so überzeugend, daß fast alle modernen Sprachen die Worte „Kultur" und „Zivilisation" von der ihren übernahmen.

Die Römer zählen nicht zur Urbevölkerung des Apennin. Ihre Vorfahren – sie gehörten zum losen Stämmeverband der Italiker – kamen nach 1000 v. Chr. von irgendwo aus Südosteuropa nach Mittelitalien. Wenig später kommen die Etrusker ins Land, wahrscheinlich europäische Indogermanen, aber mit einem eindeutigen Anteil kleinasiatischer (Lydien) Elemente. Ihr Kerngebiet lag nordwestlich von Rom. Vom 8. Jahrhundert an machen sich im Süden Italiens griechische Kolonisatoren breit und gründen mehrere Stadtstaaten nach dem Muster ihrer griechischen Heimat. All diese Zuwanderer mischen sich unter die einheimische Urbevölkerung. Zu ihr gehören vor allem die Ligurer, die im Norden des Westmittelmeerraums (von den Pyrenäen bis etwa auf die Höhe von Pisa) leben, aber auch im gewissen Sinne die Phönizier, die um 1000 v. Chr. nicht nur die Ostküste, sondern den gesamten Küstenbereich des Mittelmeers für den Handel erschließen. Rivalität und Krieg zwischen den griechischen Städten im Süden und dem etruskischen Mittelitalien prägen einen langen Abschnitt der Geschichte des Landes.

Wenn die Überlieferung sagt, Rom sei im Jahr 753 v. Chr. gegründet, oder die Etrusker seien 510 v. Chr. von dort vertrieben worden, so sind

Gründung Roms

diesen Daten eher symbolisch denn geschichtlich zu verstehen. Sicher ist nur, daß die Stadt ungefähr zu dieser Zeit an einer Furt des Tiber gegründet wurde und daß es den Römern im Bündnis mit den stammesverwandten Latinern im 5. Jh. v. Chr. gelang, die Oberhand zu gewinnen – die Etrusker hatten mit der Abwehr der aus dem Norden vordringenden Kelten alle Hände voll zu tun. Im Jahr 387 dringen die Kelten bis nach Rom vor und brennen die Stadt nieder. Die Burg Kapitol bleibt verschont – die berühmten kapitolinischen Gänse hatten die Besatzung rechtzeitig vor der keltischen Gefahr gewarnt. Das politische Gefüge des Landes ist instabil; denn es besteht kein einheitlicher Staat. Einzelne Ortschaften machen unabhängig voneinander Politik, Tyrannen aus den griechischen Städten überfallen raubend und plündernd die Küstenstädte am Tyrrhenischen Meer. Rom profitiert aus dieser Situation. Langsam aber unaufhaltsam steigt die römische Republik zu einer Großmacht auf. Auf dem Gebiet der Verwaltungstechnik sind die Römer keine Neulinge. Ihre Stadt ist so gut organisiert, daß es den Staatsgremien gelingt, die tiefe soziale Kluft zwischen den Patriziern und den Plebejern zu überbrücken. Die Patrizier, reiche Landbesitzer, stellten den Senat und entschieden über Gesetze und Geschicke der Stadt. Zwei Konsuln, die der Senat aus seinen Reihen für eine Amtsperiode von einem Jahr wählte, hatten weitgehende (bei Krieg sogar uneingeschränkte) Befugnisse und waren in der Praxis die eigentlichen Träger der Staatsgewalt. Im steten und zähen Ringen mit den Patriziern erreichte auch die Plebs (wörtlich: Volk) – arme Bauern, Handwerker, Kaufleute und Zugezogene – auf dem Umweg über die Ämter die Zulassung zum Senat. Das Tauziehen zwischen den Patriziern und der Plebs dauerte lang, doch durch die Kriege, die Rom fast ununterbrochen führte, verschob sich das soziale Gefüge zwangsweise.

Ende der achtziger Jahre des 3. Jahrhunderts herrschen die Römer über Mittelitalien. Die großen griechischen Städte Süditaliens erkennen die römische Bedrohung und suchen bei Griechenland Hilfe. Sie bitten nicht vergebens: Pyrrhus von Epiros, der nach dem Tod Alexanders des Großen die Diadochenkämpfe und das Entstehen mächtiger hellenistischer Reiche im Osten erlebt hatte, träumt von einem ähnlichen Großstaat. Gern zieht er mit seiner Armee nach Süditalien und Sizilien; hier sieht er eine Gelegenheit, seinen Traum zu verwirklichen. Acht Jahre dauert seine Expedition, von 280 bis 272 v. Chr. Pyrrhus erringt Sieg um Sieg gegen die Römer und auch gegen die Karthager. Doch die Leute, die ihn riefen, schwören auf Stadtstaat oder Stamm – in ein Pyrrhus-Reich wollen sie sich nicht eingliedern. So endet das Unternehmen des Siegers Pyrrhus mit Niederlage und Abzug. Für die Römer ist es ein Leichtes, sich nun auch Süditalien unterzuordnen. Sizilien ist ein Problem für die römische Expansion. Dort versuchen jetzt die Karthager, den Römern bislang nicht nur durch Seehandel gutnachbarschaftlich verbunden, ihre Macht stufenweise auszubauen. Doch die Römer wollen auf die ehemals griechischen Besitzungen nicht verzichten. Nach 24jährigem Krieg zu Land und zu See sind sie am Ziel ihrer

Die Kelten

Aufstieg der römischen Republik

Der „Sieg" des Pyrrhus

Ein römischer Soldat in voller Rüstung

Wünsche. Im nachhinein erweist sich der Erste Punische Krieg (264–241 v. Chr.) als das Ereignis, das die Römer endgültig auf den imperialistischen Geschmack brachte. Von nun an machen sie nur noch Kriegspausen, um die Infrastruktur der eroberten Gebiete und die eigene Logistik zu verbessern. Sie erobern Sardinien und Korsika, Norditalien und Illyrien. Als Hannibal von Karthago durch seinen Zug über die Alpen im Jahr 219 v. Chr. den Zweiten Punischen Krieg auslöst, geraten die Römer in arge Bedrängnis. Nur die Tatsache, daß der geniale Stratege Hannibal ein unverständlich schlechter Politiker war, und die Überlegenheit der römischen Flotte, die den Karthagern den Nachschub blockierte, ermöglicht den Römern den Sieg. Man schreibt das Jahr 201 v. Chr.

Die Römer verfügen nun über ein stehendes Heer, das im Friedensfall staatsgefährdend werden könnte. Darum folgen sie einem griechischen Ruf gern und schicken ihr Heer nach Mazedonien – die Griechen jubeln über die Niederlage Mazedoniens und preisen die Helfer. Zwei Jahrhunderte später schildert der römische Geschichtsschreiber Livius ihre Stimmung:

> Es gibt ein Volk in der Welt, das bereit ist, auf eigene Kosten für die Freiheit anderer zu kämpfen!

Sieg in Mazedonien

Die Römer waren aus ihrer Sicht tatsächlich großzügig. Derselbe Historiker zitiert ein römisches Edikt:

> Der römische Senat und der Imperator Titus Quinctius erklärten, nachdem der König Philipp und die Mazedonier besiegt wurden, die Bewohner von Korinth, Phokis, ganz Lokris, die Insel Euböa, Magnesia, Thessalien, Perrhäbien und der Achaia Phthiotis für frei, unabhängig und nur eigenen Gesetzen verpflichtet.

Überreste eines römischen Tempels in Jordanien

**Seite 157
oben links: Römische Straße in der Nähe von Antiochia am Orontes**

oben rechts: Römisches Theater in Bosra 2. Jh. n. Chr.)

unten: Pantheon in Rom (2. Jh. n. Chr.)

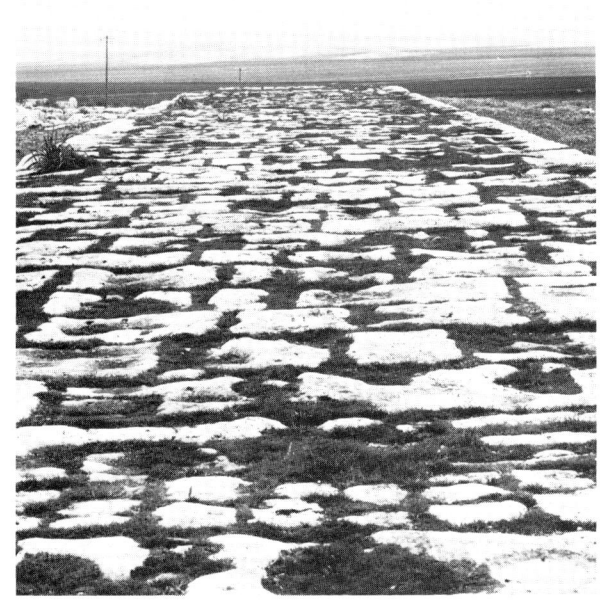

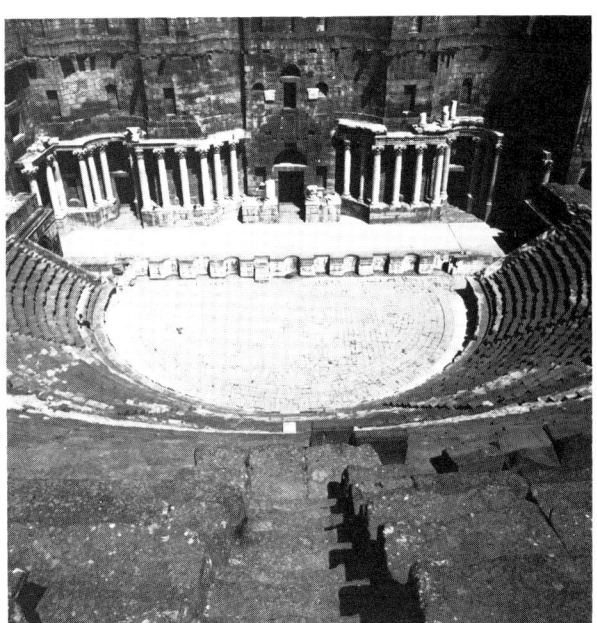

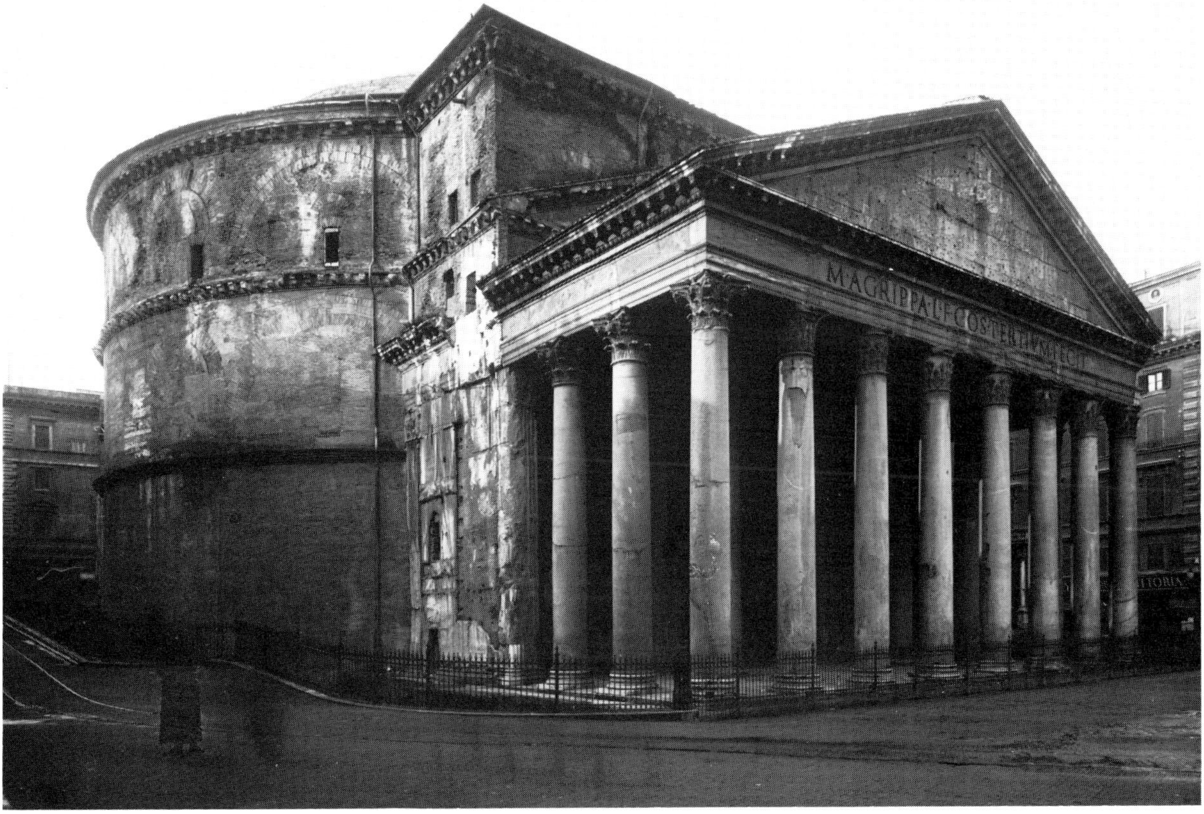
M·AGRIPPA·L·F·COS·TERTIVM·FECIT

**Wandmalerei aus Pompeji
(1. Jh. n. Chr.)**

Errichtung von Provinzen

Umbruch

**Seite 159
Säulen des Castor-
tempels; Rom, Forum**

Freiheit nicht aus eigenem, aus Roms Gnaden.

Vielleicht wurde den Römern die Herrschaft über so viele Länder unheimlich. Sie versuchen jedenfalls in der Folgezeit, Griechenland und Kleinasien eher als Verbündete, denn als Eroberte, zu behandeln. Doch der Lauf der Geschichte geht in eine andere Richtung: Im Jahr 147 v. Chr. errichten die Römer die Provinz Mazedonien, 146 v. Chr. Achaia, im selben Jahr Afrika (der frühere Staat der Karthager), 133 die Provinz Asien. Diese Provinzen (als erste Sizilien 242 v. Chr., als letzte Assyrien 115 n. Chr.) waren Gebiete außerhalb des Stammlands, die einen römischen Statthalter besaßen und sich nach einem jeweils entsprechenden, vom Senat erlassenen, Provinzialedikt richten mußten. Meist blieben Verwaltung und Gerichtsbarkeit unverändert. Doch der Statthalter hat die oberste Gewalt und sorgt für den Einzug von Steuern und Abgaben (damit waren die aus dem Neuen Testament bekannten Zöllner beauftragt). Im Verlauf einer Neuorganisation im Jahr 27 v. Chr. teilt man das Reich in kaiserliche und senatorische Provinzen ein, um so das Einkommen des Kaisers und das des Senats zu regeln.

Die allzu raschen Siege wurden Ursache eines langdauernden Bürgerkriegs, aus dem das Römische Reich mit einer neuen Verfassung hervorging. Die wirtschaftlichen, sozialen und kulturellen Unterschiede (man denke nur an den aus dem Osten kommenden Hellenismus, vgl. S. 145) waren in dem immensen Reich so groß, daß man sie nicht durch Edikte

steuern oder auf ein erträgliches Maß reduzieren konnte. Übergroße Senats- und Notablenländereien, Sklavenaufstände, seit Jahren unterlassene Reformen im Bereich des allgemeinen Rechts, des Bodenrechts und der Finanzen, die Verweigerung des vollen römischen Bürgerrechts für den größeren Teil der Bevölkerung Italiens, Aufstände in den Provinzen – all das brachte das Imperium an den Rand einer Katastrophe. Doch Rom verfügte

Politiker und Generale

über Politiker und Generale; hervorragende Persönlichkeiten wie Pompejus (der Heide, der das Allerheiligste im Jerusalemer Tempel betrat, nachdem er Syrien-Palästina 64 v. Chr. für Rom erobert hatte), Julius Cäsar, Markus Antonius und Oktavian Augustus. Sie verstanden es, die Schwierigkeiten zu Hause zu meistern, die Aufstände in den Provinzen niederzuschlagen. Oktavian Augustus (31 v.–14 n. Chr.) stellt die Ordnung wieder her.

Kaiser

Nachdem er zunächst wie üblich für ein Jahr zum Konsul gewählt worden war, gelingt es ihm, auf kaltem Weg die Macht im Staat zu übernehmen. Er begründet die kaiserliche Diktatur und schafft die Voraussetzungen für den Kult, der für den Kaiser göttliche Ehren fordert.

Brot und Spiele

Hellenismus in Rom

Die griechische Welt, die die Römer so faszinierte, daß sie sich als Emporkömmlinge fühlten, stand selbst unter der Faszination des Ostens und übernahm von dort, was in Jahrtausenden gewachsen war. Die Griechen übernehmen nicht nur; sie sind die ersten, die Überlieferung hinterfragen, sie auf die Gültigkeit für ihre eigene Zeit prüfen, um sie mit aristotelischer Logik ausgerüstet in Gestalt des Hellenismus weiterzugeben. Zunächst lernen die römischen Patrizier von ihren Sklaven die griechische Sprache und Lebensart. Ab etwa 200 v. Chr. holen sie gezielt griechische Gelehrte zu sich in die Stadt, authentische Vermittler griechischer Sprache, Philosophie und Religion. Dabei suchen sie ihre Gewährsleute nicht nur im Stammland, sondern auch in den griechischen Städten Süditaliens oder im noch ptolemäischen Ägypten. Vielleicht hätte auch der berühmte Mathematiker und technische Erfinder Archimedes von Syrakus (287–212 v. Chr.) – hätte ihn ein römischer Räuber-Soldat nicht erschlagen – nach Rom gehen müssen, um hier bewundert und ausgebeutet zu werden. Denn in Rom werden jetzt Prestigeobjekte gebaut, das Forum Romanum entsteht und das neue Kapitol, auch die ersten Marmortempel. Um die Zeitenwende herrscht in der Architektur der „klassizistische" Stil vor, später, etwa von Nero an, wird die Architektur wieder interessant und vielfältig. Andere Städte, vor allem in Latium und Kampanien, ahmen die Reichshauptstadt nach. Die Überreste aus den plebejischen Stadtvierteln illustrieren den enormen Unterschied zwischen den sozialen Schichten. Die Plebejer bauten für andere gut, nicht für sich selbst. Auch Straßen werden gebaut, breit, bequem, gepflastert, wichtigere Orte direkt verbindend, um den Handel zu beschleunigen und den Weg der Legionäre zu den Unruheherden zu verkürzen. „Brot und Spiele" verlangt das auf Staatskosten lebende römische Proletariat. In anderen Städten ist das Leben härter.

Die intellektuelle Elite Roms kann sich sehen lassen; doch keiner derer, die große Namen tragen, kann den Kontakt und die Befruchtung durch griechischen Geist leugnen. In der Dichtung sind es etwa Horaz

Dichter und Denker

Ein römisches Theater in Palmyra (1. Jh. n. Chr.)

(65–8 v. Chr.) oder Vergil (70–19 v. Chr.); in der Rhetorik Cicero (106–43 v. Chr.) und Quintilian (35–100 n. Chr.); in der Historiographie Julius Cäsar (100–44 v. Chr.), Livius (59 v.–17. n. Chr.) und Tacitus (55–113 n. Chr); in der Philosophie und Moralistik Seneca (4 v.–65 n. Chr.), Plutarch (46–120 n. Chr.), Epiktet (55–135 n. Chr.) oder Marcus Aurelius (121–180 n. Chr.).

Der eben erwähnte Plutarch, ein gebürtiger Grieche, definiert – eingekleidet in eine Episode aus dem Leben eines Manius Curius (3. Jh. v. Chr.) – ziemlich genau, was für den Römer charakteristisch ist:

Ein typischer Römer

> Die Abgesandten der Samniter trafen Manius Curius einmal, als er am häuslichen Herd weiße Rüben kochte und boten ihm viel Geld an. Doch er ließ sie unverrichteterdinge wieder abziehen und meinte, daß ein Mann, der sich mit einem solchen Gericht zufrieden gebe, gar kein Geld brauche und er der Ansicht sei, ehrenvoller als der Besitz des Goldes sei die Unterwerfung seiner Besitzer.

Religion zur Zeit als der Messias kam

Die römischen Vorstellungen vom Göttlichen sind eher naturhaft. So wie in der Natur alles seine Ordnung haben muß, so sollen Riten und Gebete dazu beitragen, die richtige Ordnung zwischen Gott und Mensch herzustellen und zu erhalten. Die Auguren erkunden den Willen Gottes aus dem Vogelflug, aus Donner und Blitz. Der Kult war teilweise privat (Ahnengeister, Laren und Penaten), teilweise öffentlich, von Berufspriestern verwaltet. Die ursprüngliche Bedeutung und der Status fast aller römischen Götter liegen im Dunkeln. Meist kennt man nur ihren Namen und ihre wichtigste Funktion: Jupiter, der Gott des himmlischen Lichtes und des Himmels; Venus/Aphrodite, die Göttin des Liebeslebens; die Geburtsgöttin Juno; Diana, die Beschützerin der Weiblichkeit; Saturn, der Gott des Ackerbaus; Janus, der Gott der öffentlichen Tore, des Anfangs und des Durchgangs; Hestia/Vesta, die Göttin des Herdes.

Fremde, neue Götter werden ohne Vorbehalt anerkannt. Als mit der Eroberung neuer Völker die Verehrer der verschiedensten Götter nach Rom kommen (Kaufleute, Sklaven, Soldaten), nimmt die römische Religion zwangsweise neue Impulse und Vorstellungen auf, ohne sie in philosophischer Hinsicht zu hinterfragen. Einzig die Anhänger der Mysterienreligionen waren ein wenig in Bedrängnis. Ihr Kult war zwar nicht ganz verboten, doch anfänglich zumindest verfolgt und einer strengen Senatskontrolle unterworfen – vielleicht aus Angst vor möglichen staatsfeindlichen Aktivitäten dieser Geheimbündler. Doch Dionysos/Bacchus, Isis (deren Kultbild noch 19 n. Chr. „amtlicherseits" in den Tiber geworfen wurde) und Serapis setzen sich trotz aller Schwierigkeiten durch und bestimmen jahrzehntelang das religiöse Leben zumal der gehobenen Bürgerschicht Roms.

Der Sonnegott; in der linken Hand trägt er Welt-kugel und Peitsche

Die babylonische Astrologie und die persische Sternkunde – Wissen aus dem fernen Osten – entsprechen einem tiefen Bedürfnis des römischen Geistes. Magier und Sterndeuter verfügen ja über eine neue Möglichkeit, den Willen der Götter zu erkunden und den Kult recht zu gestalten. Der in seine irdischen Probleme verfangene Mensch sucht Klarheit im Licht der Sterne und Planeten; die Erde bedeutet ihm Mühsal, das Licht von oben, der Kosmos, schenkt Klarheit und göttliche Ruhe. Die Astrologie entwickelt sich zur Wissenschaft, zur Kunst der Deutung göttlicher Gesetze – und entartet zum Zauberwesen und zu automatischer Magie.

Astrologie und Sternkunde

Um die Zeitenwende entsteht die Gnosis (wörtlich: Erkenntnis); ihren Höhepunkt erreicht sie im 2. Jh. n. Chr. Diese Bewegung, mit der das entstehende Christentum seine liebe Mühe hat, stellt sich der Frage: „Wer wir waren, was wir geworden sind?" Ihre Antwort ist einfach, geistreich – und radikal: Nicht der Mensch ist böse, nicht die Welt – im Faktum ihres Geschaffenseins liegt die Wurzel allen Übels. Für den Menschen gibt es nur

Die Gnosis

163

eine Rettung. Er muß sich klar werden, daß er nicht zu dieser Welt, sondern zu Gott gehört; er muß den Ruf des Offenbarers hören, sich von der Welt lösen, ins göttliche Licht zurückfinden.

Der Mithrakult

Bäuerliches Opfer bei den Römern

Der Mithrakult ist ganz anders, jedenfalls nicht antifleischlich. Er gehört zu den Mysterienreligionen, denn seine Anhänger werden durch einen siebenstufigen Initiationsritus (die Redeweise vom „siebten Himmel" stammt von dort) in die Gemeinschaft aufgenommen. Mithra, ein alter indoiranischer (persisch/parthischer) Gott des Himmels und des Lichtes, wird von den Soldaten und Kriegern verehrt; er ist ja Mittler zwischen Gut und Böse. Die Soldaten sorgen dafür, daß sein Kult in jeder Ecke des römischen Reiches bekannt wird. Überall entstehen Mithratempel („Mithräa"), in Rom selbst gab es gegen hundert. Über die Initiationsriten, bei denen zwei Sakramente gefeiert wurden (Taufe und heilige Mahlzeit), geben die Quellen nur zögernd Auskunft. Der Kultmythos dagegen läßt sich ausreichend klar rekonstruieren: Mithra wird am Fluß Araxes in Armenien aus einem Fels geboren (nach einigen christlichen Darstellungen in einer Grotte, über der ein Stern erstrahlt) und zwar ohne Zutun einer Frau. Hirten bringen ihm ihre Gaben. Seine Erlösungstat besteht in der Tötung eines Stiers, aus dessen Blut neues Leben wächst.

Der Kaiserkult

Der Kaiserkult erobert sich einen festen Platz in der römischen Religion. Er entwickelt sich aus der im Osten beheimateten Vorstellung, daß im Herrscher die Gottheit offenbar wird (= Epiphanie eines Gottes). Das wird deutlich in der Einführung einer neuen Zeitrechnung, die den Neujahrstag mit dem Geburtstag des Augustus verbindet. Dieser Kult wirkte im Osten des Römischen Reiches nicht anstößig, doch im Westen konnte er sich nie ganz durchsetzen.

Kaiser Augustus

Unter diesen Voraussetzungen hätten die Juden und später die Christen eigentlich keine größeren Probleme mit ihrer Religion haben dürfen. Die Juden profitieren tatsächlich lange Zeit von der römischen Toleranz, ihre Religion erregt keinen Anstoß; erst die christliche Verweigerung des Kaiserkults führt zu Martyrien und Verfolgungen.

Ein fragmentarisch erhaltener Kalendererlaß aus der Provinz Asien (um 9 n. Chr.?) macht deutlich, welche Rolle der Kaiserkult spielt:

Die Vorsehung, die über unser Leben waltet und uns Fürsorge und Freigebigkeit erwies, hat unser Leben dadurch vervollkommnet, daß sie uns Augustus gab und ihn zum Wohl der Menschheit mit Tugend ausstattete; damit sandte sie uns und unseren Nachkommen einen Retter, der dem Krieg ein Ende machte und alles wieder in Ordnung brachte. Da der Kaiser bei seinem Erscheinen (= Epiphanie) alle Hoffnungen früherer Zeiten erfüllte . . . und der Tag der Geburt des Gottes (= Kaiser Augustus) der Anfang der frohen Botschaft (= Evangelium) für die ganze Welt war . . . soll das Neue Jahr . . . am Geburtstag des Augustus beginnen.

Rom und die Bibel

Die Römer treten spät in das Blickfeld Israels, erstmals 161 v. Chr., als Judas der Makkabäer eine Delegation schickt, um mit den Römern ein Bündnis zu schließen (1 Makk 8,1–32). Bis zum Jahr 64 v. Chr., als Pompejus das seleuzidische Syrien erobert und in eine römische Provinz umwandelt, sind die Hasmonäer Herren in Juda. Die gegeneinander um Herrschaft und hohepriesterliches Amt kämpfenden Brüder Johannes Hyrkanus II. und Aristobul II. lösen einen Bürgerkrieg aus (67–63 v. Chr.). Um die Ruhe wieder herzustellen werden die Römer um Hilfe gebeten. Sie kommen, siegen und unterstellen Juda dem römischen Statthalter in Damaskus. Viele jüdische Gefangene mehren die Zahl der Sklaven in Rom. In der Stadt entsteht eine jüdische Kolonie, die mit der Zeit groß und einflußreich wird. Ein paar Mal versuchen die Römer, das Wachsen dieser Kolonie einzudämmen, sie weisen die Juden sogar aus Rom (49 n. Chr.; Apg 18,2). Doch die jüdische Gemeinde läßt sich nicht ausrotten; sie trägt zum Wachstum des jungen Christentums bei, das in Rom schon im Jahr 49 n. Chr. bezeugt ist (Apg 18,2). Etwa zehn Jahre später gibt es in Rom eine starke christliche Gemeinde, an die Paulus seinen Brief adressiert. Paulus und Petrus wirken in Rom; hier werden beide in demselben Jahr (64 oder 67) hingerichtet. Gegen Ende des 1. Jh. n. Chr. gebrauchen Christen den Decknamen Babylon, wenn sie von Rom sprechen (1 Petr 5,13; Offb 17,5). So spannt sich der Bogen der Geschichte zwischen dem Turm von Babel in Mesopotamien (Gen 11), wo sich die Menschen die Verwirrung ihrer Sprachen einhandelten, über das Pfingstfest in Jerusalem (Apg 2), wo alle Sprachen verstanden wurden, bis nach Rom-Babylon, wo die Christenheit nur eine Sprache zu sprechen beginnt: die Sprache der Botschaft des Evangeliums.

Die Makkabäerzeit

Jüdische Gemeinde in Rom

Christen in Rom

„Babylon"

Bild in einer römischen Katakombe (3. Jh. n. Chr.): Erfüllung der Verheißung Bileams aus Num 24,17

Zeittafel

753 v. Chr.	Gründung Roms
Ende 6. Jh.	Entstehung der römischen Republik
387	Kelten in Rom
280–272	Kämpfe des Pyrrhus in Süditalien
264–241	Der Erste Punische Krieg
218–201	Der Zweite Punische Krieg
149–146	Der Dritte Punische Krieg
133–27	Bürgerkrieg
82–79	Diktatur Sullas in Rom
64	Pompejus erobert Syrien
47–44	Julius Cäsar
31 v. Chr.–14 n. Chr.	Oktavian Augustus, Kaiser von Rom
14–37 n. Chr.	Tiberius, Kaiser von Rom
37–41	Caligula, Kaiser von Rom
41–54	Klaudius, Kaiser von Rom
54–68	Nero, Kaiser von Rom
64	Brand Roms
66–70	Aufstand der Juden in Palästina
68	Galba, Kaiser von Rom
69	Otho, Kaiser von Rom
69	Vitellius, Kaiser von Rom
69–79	Vespasian, Kaiser von Rom
79–81	Titus, Kaiser von Rom
79	Zerstörung von Pompeji
81–96	Domitian, Kaiser von Rom
96–98	Nerva, Kaiser von Rom
98–117	Trajan, Kaiser von Rom
117–138	Hadrian, Kaiser von Rom

Wichtigere Bibelstellen

Konkordanz

Rom, die Römer
1 Makk 1,10; 7,1; 8,1–32; 12,1.3; 14,16.24; 15,15; Joh 11,48; Apg 2,10;
  16,21.37 f; 18,2; 19,21; 22,25–29; 23,11.27; 25,16; 28,14.16 f; Röm 1,7.15;
  15,23 f; 2 Tim 1,17

(Babylon)
1 Petr 5,13; Offb 14,8; 16,19; 17,5; 18,2.10.21

Italien
Apg 10,1; 18,2; 27,1.6; Hebr 13,24

Kaiser
Augustus: Lk 2,1; Klaudius: Apg 11,28; 18,2; Tiberius: Lk 3,1

Statthalter
Quirinius (6/7 n. Chr.): Lk 2,2; Pilatus (26–36): Mt 27,2–65; Mk 15,1–44; Lk 3,1;
  13,1; 23,1–52; Joh 18,29 – 19,38; Apg 3,13; 4,27; 13,28; 1 Tim 6,13; Felix
  (52–59): Apg 23,24 – 24,27; 25,14; Festus (60–62): Apg 24,27 – 26,32

Literatur

Zum Ganzen

K.-H. Bernhardt, Die Umwelt des Alten Testaments, Gütersloh 1967

P. Garelli, Le Proche-Orient asiatique des origines aux invasions des Peuples de la Mer, Paris 1969

D. J. Wiseman (ed.), Peoples of Old Testament times, Oxford 1973

S. H. Horn, Auf den Spuren alter Völker, Hamburg 1979

J. P. Asmussen, Jørgen Laessøe (Hrsg.), Handbuch der Religionsgeschichte, Göttingen 1971–1973

U. Mann (Hrsg.), Theologie und Religionswissenschaft, Darmstadt 1973

H. Ringgren, Die Religionen des Alten Orients, Göttingen 1979

H. Gressmann, Altorientalische Texte und Bilder zum Alten Testament, Berlin 1926–1927

D. W. Thomas (ed.), Documents from Old Testament times, London 1958

J. B. Pritchard (ed.), Ancient Near Eastern texts relating to the Old Testament, Princeton 1969

R. Labat, A. Caquot, M. Sznycer, M. Vieyra, Les religions du Proche-Orient asiatique. Textes babyloniens, ougaritiques, hittites, Paris 1970

A. Jepsen (Hrsg.), Von Sinuhe bis Nebukadnezar. Dokumente aus der Umwelt des Alten Testaments, Stuttgart–München 1975

W. Beyerlin (Hrsg.), Religionsgeschichtliches Textbuch zum Alten Testament, Göttingen 1975

W. Röllig (Hrsg.), Altorientalische Literaturen, Wiesbaden 1978

1. Die Sumerer und die Akkader

A. Scharff, A. Moortgat, Ägypten und Vorderasien im Altertum, München 1950

E. Strommenger, M. Hirmer, Fünf Jahrtausende Mesopotamien, München 1962

S. Lloyd, Die Archäologie Mesopotamiens. Von der Altsteinzeit bis zur persischen Eroberung, München 1981

A. Brelich u. a., Egiziani e Sumeri, Bari 1976

E. Chiera, Sumerian epics and myths, Chicago 1934

G. Rinaldi, Storia delle letterature dell'antica Mesopotamia, Mailand 1957

W. G. Lambert, Babylonian Wisdom Literature, Oxford 1960

S. N. Kramer (ed.), Mythologies of the Ancient World, New York 1961

G. R. Castellino, Testi sumeri e accadici, Turin 1977

2. Die Ägypter

J. Baines, J. Málek, Ägypten, München 1980

W. Helck, Geschichte des Alten Ägypten, Leiden 1981

S. Donadoni, La religione dell'Antico Egitto. Testi raccolti e tradotti, Bari 1959

E. Bresciani, Letteratura e poesia dell'antico Egitto, Turin 1969

S. Donadoni, Testi religiosi egizi, Turin 1970

A. F. Rainey, El Amarna Tablets 359–379, Kevelaer – Neukirchen 1978

167

3. Die Assyrer, Babylonier, Chaldäer

S. *Lloyd,* Die Archäologie Mesopotamiens. Von der Altsteinzeit bis zur persischen Eroberung, München 1981

E. *Strommenger (Hrsg.),* Sumer, Assur, Babylon. 7 Jahrtausende Kunst und Kultur an Euphrat und Tigris, Frankfurt 1978

E. *Ebeling,* Keilschrifttexte aus Assur religiösen Inhalts, Leipzig 1920

A. *Falkenstein, W. von Soden,* Sumerische und akkadische Hymnen und Gebete, Zürich – Stuttgart 1953

G. *Rinaldi,* Storia delle letterature dell'antica Mesopotamia, Mailand 1957

W. G. *Lambert,* Babylonian Wisdom Literature, Oxford 1960

M.-J. *Seux,* Hymnes et prières aux dieux de Babylonie et d'Assyrie, Paris 1976

G. R. *Castellino,* Testi sumeri e accadici, Turin 1977

4. Die Amoriter, Kanaaniter, Phönizier

G. *Buccellati,* The Amorites of the Ur III period, Neapel 1966

J. *Aistleitner,* Die mythologischen und kultischen Texte aus Ras Schamra, Budapest 1959

A. *Jirku,* Kanaanäische Mythen und Epen aus Ras Schamra-Ugarit, Gütersloh 1962

A. S. *Kapelrud,* The violent goddess. Anat in the Ras Shamra texts, Oslo 1969

H. *Donner, W. Röllig,* Kanaanäische und aramäische Inschriften, Wiesbaden 1971/1973/1976

A. *Caquot, M. Sznycer, A. Herdner,* Textes ougaritiques. I. Mythes et légendes, Paris 1974

M. *Dietrich, O. Loretz, J. Sanmartín,* Die keilalphabetischen Texte aus Ugarit, Kevelaer – Neukirchen 1976

J. C. L. *Gibson,* Canaanite Myths and Legends, Edinburgh 1978

J. M. *de Tarragon,* Le culte à Ugarit, Paris 1980

A. *Caquot, M. Sznycer,* Ugaritic religion, Leiden 1980

W. A. *Ward (ed.),* The role of the Phoenicians in the interaction of Mediterranean civilizations, Beirut 1968

A. *Parrot, M. Chéhab, S. Moscati,* Die Phönizier, München 1977

G. *Garbini,* I Fenici: storia e religione, Neapel 1980

5. Die Hetiter

O. R. *Gurney,* Die Hethiter, Dresden 1969

E. *und H. Klengel,* Die Hethiter. Geschichte und Umwelt, Wien – München 1970

M. *Popko,* Religie starożytnej Anatolii, Warszawa 1980

R. *Lebrun,* Hymnes et prières hittites, Louvain-la-Neuve 1980

A. *Bernabe,* Textos literarios hetitas, Madrid 1979

6. Die Hurriter, Horiter

F. *Imparati,* I Hurriti, Florenz 1964

G. *Wilhelm,* Grundzüge der Geschichte und Kultur der Hurriter, Darmstadt 1982

I. *Wegner,* Gestalt und Kult der Ištar-Šawuška in Kleinasien, Kevelaer – Neukirchen 1981

7. Die Aramäer

R. T. *O'Callaghan,* Aram Naharaim, a contribution to the history of Upper Mesopotamia in the second millennium B. C., Rom 1948

A. *Dupont-Sommer,* Les Araméens, Paris 1949

H. *Klengel,* Geschichte Syriens im 2. Jahrtausend v. u. Z., Berlin 1965–1970

H. *Donner, W. Röllig,* Kanaanäische und aramäische Inschriften, Wiesbaden 1971/1973/1976

8. Die Philister

A. *Nibbi,* The Sea Peoples and Egypt, Park Ridge 1975

A. *Strobel,* Der spätbronzezeitliche Seevölkersturm, Berlin 1976

A. *Mazar,* Excavations at Tell Qasile, Jerusalem 1981

9. Die Perser

A. T. E. *Olmstead,* History of the Persian Empire, Chicago 1959

R. *Ghirsman,* Iran. Protoiranier, Meder, Achämeniden, München 1964

K. *Schippmann,* Grundzüge der parthischen Geschichte, Darmstadt 1980

S. S. *Hartman,* Parsism. The religion of Zoroaster, Leiden 1980

10. Die Griechen

H. *Bengtson,* Griechische Geschichte. München 1965

H. J. *Rose,* Griechische Mythologie, München 1969

D. S. *Rice, J. E. Stambaugh,* Sources for the Study of Greek Religion, Missoula 1979

11. Die Römer

A. *Heuss,* Römische Geschichte, München 1964

K. *Latte,* Römische Religionsgeschichte, München 1967

M. J. *Vermaseren (Hrsg.),* Die orientalischen Religionen im Römerreich, Leiden 1981

Register

171

173

Akademische Druck- und Verlagsanstalt, Graz: S. 35 oben.
Andersson, Rom: S. 164 oben.
Archäologisches Museum, Amman: S. 119 rechts; 156.
Archäologisches Museum, Jerusalem: S. 82 oben; 83 oben; 91.
Archiv für Kunst und Geschichte, Berlin: S. 148 (alle Abb.).
Badisches Landesmuseum, Karlsruhe: S. 122.
Bavaria-Verlag, München: S. 147; 157 oben, links und rechts.
Dewey M. Beegle, Washington: S. 84.
Belser-Verlag, Stuttgart: S. 141.
Bildarchiv Christophorus-Verlag, Freiburg: S. 165.
Bildarchiv Foto Marburg: S. 35 unten; 39; 40 oben; 120; 157 unten; 158; 159; 160.
Bildarchiv Preußischer Kulturbesitz, Berlin: S. 36 oben und unten; 37; 42; 43; 51; 52;
    121 unten; 161.
Britisches Museum, London: S. 26; 27; 63 links; 66; 67; 68; 69 rechts; 71; 137 links;
    139 rechts; 140; 144.
Maurice Chuzeville, Paris: S. 149 oben.
Columbia Universität, New York: S. 14.
Cornfeld, Tel-Aviv: S. 63 rechts; 80 oben; 86 rechts; 118; 131; 155.
Econ Verlag, Wien–Düsseldorf: S. 127.
Edition d'Art Lucien Mazenod, „L'Art de l'Ancienne Egypte", Kazimierz Michałowski, Paris:
    S. 47.
Elsevier-Archiv, Amsterdam: S. 150, unten.
Hebräische Universität, Jerusalem: S. 128; 129; 132 links und rechts.
Hirmer Fotoarchiv, München: S. 29; 40 unten; 44; 95; 110; 151.
Irak Museum, Bagdad: S. 13.
Israel Museum, Jerusalem: S. 162 oben.
Joachim Letsch, Stuttgart: S. 79; 83 unten; 153.
Louvre Museum, Paris: S. 19 links und rechts; 21; 25; 59; 60; 69 links; 76; 82 unten;
    87 rechts; 89 links und rechts; 119 links; 121 oben.
Leonard von Matt, Buochs: S. 163; 164 unten.
Museum of London: S. 162 unten.
Nationalmuseum, Aleppo: S. 62.
Nationalmuseum, Athen: S. 139 links.
Nationalmuseum, Damaskus: S. 87 links; 116.
Picture Point, London: S. 146.
Rijksmuseum van Oudheiden, Leiden: S. 50 rechts.
Service Photographique, Paris: S. 85.
Staatliche Museen, Berlin: S. 16; 48.
Stender Verlagsservice, Stuttgart: S. 30 links und rechts; 46; 50 links; 56; 70; 81;
    97 links und rechts; 98; 103; 111; 112 links und rechts; 135; 136; 137 rechts.
Ingrid Strüben, Berlin: S. 17; 80 unten, rechts und links; 86 links; 99.
Türkisches Generalkonsulat, München: S. 149 unten; 150 oben.
Universitätsmuseum, London: S. 28 links und rechts.
Universitätsmuseum, Pennsylvania: S. 15; 20.
Jörg Zink, Stuttgart: S. 115.

Karten: Verlag Katholisches Bibelwerk, Stuttgart; gezeichnet von Anna Braungart,
Ammerbuch.

Bildnachweis